DIE DIGITALE REVOLUTION

von der Volkswirtschaft
zur **Volkswohlfahrt**
mit Hilfe der 4. Industriellen Revolution

KARSTEN WYSK

Inhaltsverzeichnis

Vorwort

Schuldenkrise, Arbeitslosigkeit, Terrorismus, der „Untergang des Abendlandes". Jeden Tag neue Schreckensmeldungen. Wenn man die hiesigen Medien so verfolgt kann man leicht den Eindruck bekommen, Deutschland, Europa oder gleich der komplette Westen seien auf dem absteigenden Ast.

Die Medienberichterstattung spiegelt sich auch in der folgenden Umfrage unter Europäern wieder:

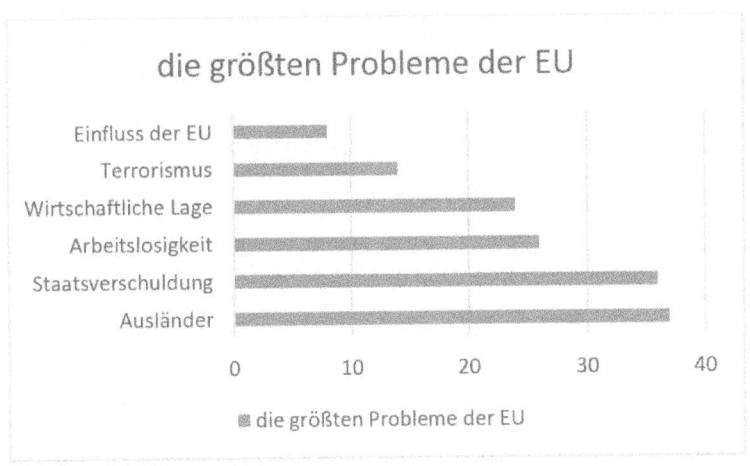

1   Quelle:
http://de.statista.com/statistik/daten/studie/270893/umfrage/einschaetzung-der-wichtigsten-probleme-fuer-die-europaeische-union-eu/)

Dieses Buch diskutiert die genannten Probleme aus der Perspektive Deutschlands und Europas und kommt zu der Erkenntnis, dass die Probleme längst nicht so gravierend sind wie in den Medien dargestellt und sich darüber hinaus allesamt lösen lassen. Die zunehmende Automatisierung der Wirtschaft[1] im Rahmen der Digitalen Revolution bietet vielmehr die Chance den Kapitalismus weiterzuentwickeln und so eine neue Blütezeit

---

[1] Bzw. die 4. Industrielle Revolution, Industrie 4.0 oder wie immer man die Entwicklung nennen möchte

Europas und der Welt einzuleiten. Dieses Buch macht einen Vorschlag dazu.

Allerdings lassen sich die Probleme nicht mit „der Politik der ruhigen Hand" oder dem üblichen „klein-klein" der Tagespolitik lösen. Vielmehr erfordern strukturelle Probleme auch strukturelle Lösungen und deshalb muss sich Europa auf das besinnen, was es in den letzten Jahrhunderten am besten konnte: die Erfindung und Weiterentwicklung von Gesellschafts- und Wirtschaftssystemen. Demokratie, Merkantilismus, Kapitalismus, Soziale Marktwirtschaft – alle diese in ihrer Zeit erfolgreichen Systeme wurden in Europa erfunden. Leider kommt auch der Nationalsozialismus des Deutschen Reiches oder der Kommunismus Sowjetischer Ausprägung aus Europa – Innovation kann ja leider nicht immer klappen.

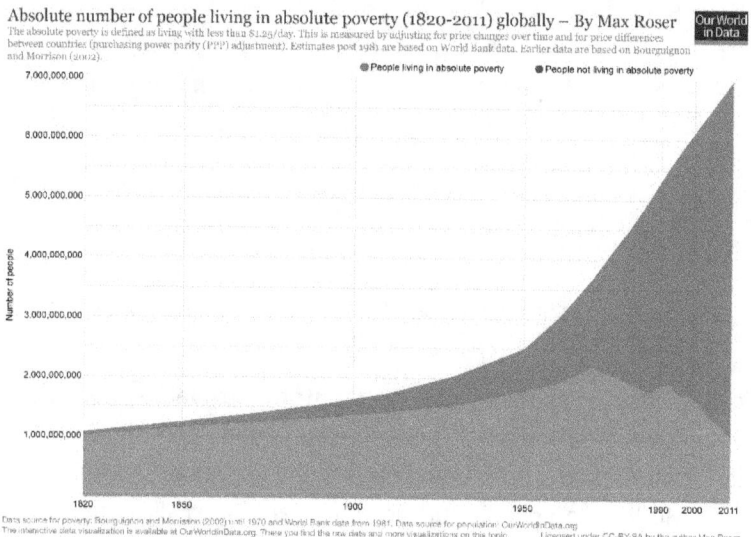

2 Quelle: OurWorldinData.org

Unser aktuelles Gesellschaftssystem - der Kapitalismus - hat uns in den letzten knapp 200 Jahren grundsätzlich exzellente Dienste geleistet und sein Hauptziel – die Lösung des Knappheitsproblems durch effiziente Produktion von Waren und Dienstleistungen – in der Summe gesehen auch erreicht. Wie man in der obigen Grafik sehen kann leben so wenig Menschen wie noch nie in absoluter Armut – trotz exponentiell gestiegener Gesamtbevölkerung. Insbesondere seit China ebenfalls den Kapitalismus nutzt, konnten hunderte Millionen Menschen aus der Armut befreit werden. Das ist ein großartiger Erfolg unseres aktuellen Wirtschaftssystems und des technologischen Fortschritts.

Während in der Vergangenheit allerdings zusätzliche Effizienz zum Beispiel in der Landwirtschaft dafür gesorgt hat, dass andere Sektoren der Wirtschaft wie Produktion und später Dienstleistungen wachsen konnten, führt der nächste Entwicklungsschritt bei der Automatisierung von Produktion und Dienstleistungen nach Meinung des Autors dazu, dass der Mensch als Ressource in der Wirtschaft nicht mehr „knapp" ist – und damit stößt die Marktwirtschaft als bester Organisator von „Knappheit" zur Verteilung der Ressource „Arbeit" an ihre Grenzen. Der weitere technologische Fortschritt wird zwangsläufig dazu führen, dass die produzierenden Roboter bzw. Maschinen und deren Besitzer in den nächsten 50 bis 100 Jahren immer wichtiger werden und es die restliche Bevölkerung immer schwieriger haben wird durch den Verkauf ihrer Arbeitszeit am Wohlstand der Gesellschaft zu partizipieren. Eine solche Situation ist weder besonders stabil noch ist sie gut für einen Kreislauf der Wirtschaft, in der die Bevölkerung mitunter auch als Konsument der Erzeugnisse gebraucht wird. Die nun produzierenden Roboter werden höchstwahrscheinlich kaum einkaufen gehen und ihre wenigen Besitzer haben zudem weiterhin lediglich maximal 24 Stunden am Tag Zeit zu konsumieren.

Zur Lösung dieses Problems versuche ich in diesem Buch die Grundzüge eines weiterentwickelten Gesellschaftssystems zu skizzieren, nenne es „Demokratische Marktwirtschaft" und gebe konkrete Politikempfehlungen wie wir den Übergang gestalten könnten. Der Grundansatz des Buches ist dabei immer, dass man „damit arbeitet was da ist" – man muss den Menschen so nehmen wie er derzeit ist und nicht von einer Idealvorstellung ausgehen. Daran ist z.B. schon der Kommunismus gescheitert und deshalb nimmt das Buch auch die tatsächlichen und aktuellen Probleme der Menschen als Ausgangspunkt seiner Überlegungen. Das Buch versucht dabei sowohl die Einnahmen- als auch die Ausgabenseite zu lösen. Idealerweise könnte eine politische Partei mit den Ideen aus diesem Buch sofort anfangen Wahlkampf zu machen bzw. diese Ideen in ihr Parteiprogramm aufnehmen.

Zusammenfassung

- Die zunehmende Automatisierung der Wirtschaft im Rahmen der Digitalen Revolution wird in den nächsten 50-100 Jahren dazu führen, dass der derzeitige Kapitalismus nicht mehr funktioniert, weil die Mehrheit der Bevölkerung nicht mehr über den Verkauf Ihrer Arbeitszeit am Wohlstand partizipieren kann.
- Dies ist Problem und Chance zugleich: die 4. Industrielle Revolution macht es möglich, den Fokus der Gesellschaft von der Steigerung der Volkswirtschaft auf die Steigerung der Volkswohlfahrt zu legen
- Dieses Buch macht am Beispiel aktueller Probleme der Menschen in Europa Vorschläge, die aktuelle Gesellschaftsordnung im Sinne der Steigerung der Wohlfahrt weiter zu entwickeln.
- Es werden konkrete Politikempfehlungen beschrieben mit Schritt-für-Schritt-Anleitungen, die eine graduelle Umsetzung für Länder wie z.B. Deutschland jederzeit möglich machen würde.

Problem 1: Einfluss der EU in der Welt

Bevor wir im Folgenden das neue Gesellschaftssystem skizzieren, beginnen wir zunächst mit dem Problem „Einfluss der EU in der Welt": Der Einfluss Europas in der Welt ist tatsächlich in den letzten Jahrzehnten beträchtlich zurückgegangen. Historisch betrachtet war es Europa ca. seit dem 15. Jahrhundert gewöhnt die erste Geige in der Welt zu spielen und insbesondere Länder wie England, Spanien und Frankreich konnten sich weltweite Kolonialreiche aufbauen.

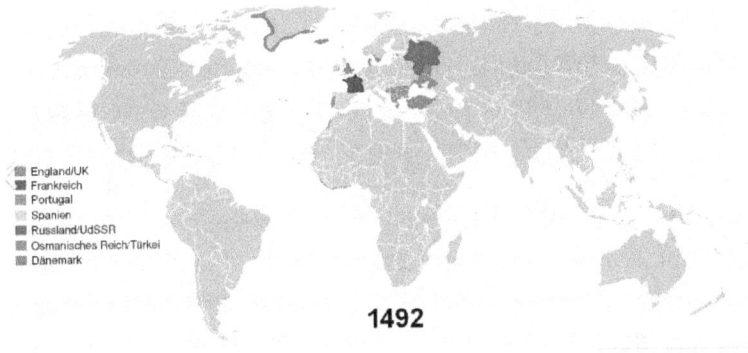

1492

3 Quelle: http://de.wikipedia.org/wiki/Kolonialismus

Mit der Entdeckung Amerikas durch Columbus 1492 begann die Hochphase der Kolonisation der europäischen Staaten. Nach Jahrhunderten von Kriegen innerhalb Europas ohne maßgebliche Fortschritte für das eine oder das andere Land, stellten die Königshäuser offenbar fest, dass es wesentlich einfacher war Länder außerhalb Europas zu überfallen als ihre Nachbarländer. Grund hierfür war die ökonomische und militärische Überlegenheit Europas zu dieser Zeit im Vergleich zu Ländern außerhalb Europas - insbesondere zu Amerika. Die Gesellschaftsordnung des damaligen Europas (Feudalismus) war den anderen Gesellschaftsordnungen überlegen.

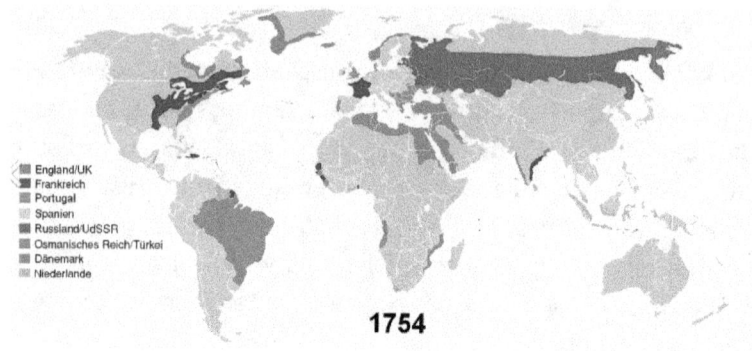

4 Quelle: http://de.wikipedia.org/wiki/Kolonialismus

Mitte des 18. Jahrhunderts haben sich insbesondere Spanien und Portugal mit Südamerika einen ganzen Kontinent einverleiben können. Das Osmanische Reich war im Mittelmeerraum noch ein starkes Gegengewicht zu den „abendländischen" Mächten und hatte praktisch die Nachfolge des oströmischen Reiches angetreten. Mit der Aufklärung setzte allerdings die Beschleunigung des technischen Fortschritts des Westens ein. Die folgende Entwicklung war geprägt durch den Erfolg der Industriellen Revolution, die in England einsetzte zu dieser Zeit. Nach Feudalismus und Merkantilismus begann nun das Zeitalter des Kapitalismus.

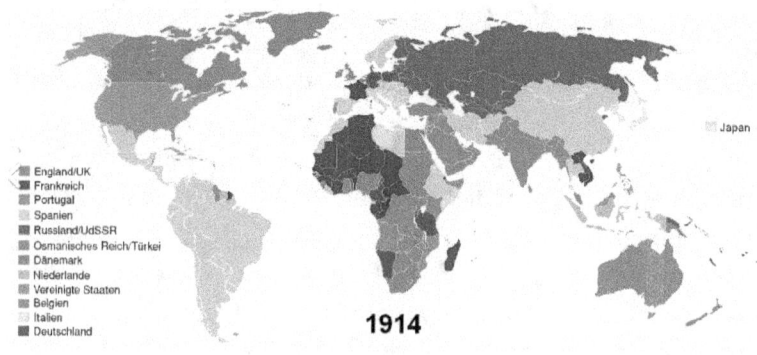

5 Quelle: http://de.wikipedia.org/wiki/Kolonialismus

Kurz vorm Beginn des ersten Weltkriegs hatte der globale Einfluss Europas seinen Höhepunkt erreicht. Insbesondere die Länder, die erfolgreich aus der Industriellen Revolution hervorgegangen waren, konnten ihren Einfluss gravierend steigern. England hatte zwar die Kolonien in den USA verloren, konnte aber sonst seinen Einfluss gesamtheitlich massiv steigern. Anfang des 20. Jahrhunderts hatte England das vermutlich größte Weltreich aufgebaut, das die Welt je gesehen hatte. Also Ergebnis von dieser Entwicklung ist Englisch bis heute die Weltsprache.

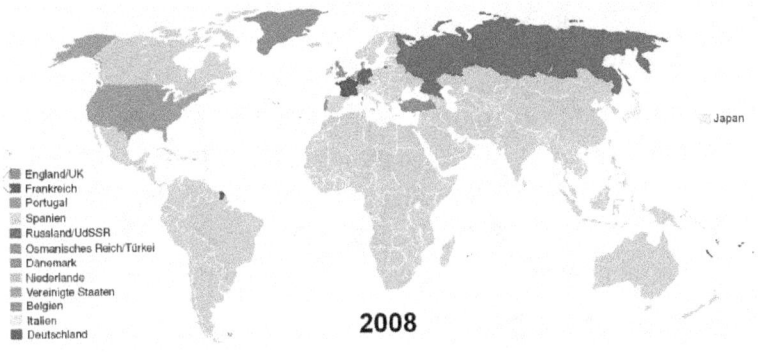

6 Quelle: http://de.wikipedia.org/wiki/Kolonialismus

Begünstigt durch zwei Weltkriege auf dem europäischen Festland und den Aufstieg der USA, brachen die Kolonialreiche ab 1945 zusammen, so dass heute praktisch nichts mehr übrig ist von dem einstigen kolonialen Reichen. Territorial sind die Europäer quasi wieder auf dem Niveau von 1492. Bemerkenswert ist einzig, dass es Russland geschafft hat, seine zusätzlich gewonnenen Gebiete bislang weitgehend zu behalten – sicherlich begünstigt durch die Tatsache, dass es seine Gebiete direkt angrenzend an sein Kerngebiet erobert hat und nicht in Übersee. Mit dem Ende der Sowjetunion musste Russland einige seiner Randgebiete zwar abgeben aber im aktuellen Ukraine Konflikt sehen wir zumindest den Versuch einige dieser Entwicklungen rückgängig zu machen[2].

In Bezug auf die wirtschaftliche, politische und militärische Macht kann man wohl folgende Vorherrschaft in den jeweiligen Jahrhunderten festhalten - zumindest aus der Sicht von Europäern:

- 15. Jahrhundert: Europa
- 16. Jahrhundert: Europa
- 18. Jahrhundert: Europa
- 19. Jahrhundert: Europa
- 20. Jahrhundert: Europa / USA
- 21. Jahrhundert: USA / China

Also ja, der Eindruck täuscht nicht: Es gab in den letzten Jahrzehnten einen klaren Niedergang des Einflusses Europas innerhalb der übrigen Welt. Insbesondere im 19. Jahrhundert konnte Europa den Rest der Welt durch die Industrielle Revolution abhängen und so weit überproportional zu seiner Bevölkerung Einfluss ausüben.

Allerdings erzählt diese Geschichte nur einen Teil der Wahrheit. Betrachtet man einen längeren Zeitraum und streift die europäische Brille ab, wird deutlich, dass Europa international erst seit dem 18. Jahrhundert eine wirklich große Rolle spielt. Insbesondere China und Indien waren bis dahin wesentlich reicher und mächtiger[3].

---

[2] bzw. andersrum hatte auch die EU versucht Ihr Einflussgebiet auf nicht-kriegerische Art und Weise zu erweitern. Der Ausgang ist offen bzw. es sieht klar nach einem Sieg Russlands aus, weil Europa nicht bereit ist militärisch einzugreifen und die betroffenen Gebiete kulturell sowieso russisch sind

[3] Siehe auch
http://www.slate.com/blogs/the_vault/2013/08/12/the_1931_histom ap_the_entire_history_of_the_world_distilled_into_a_single.html

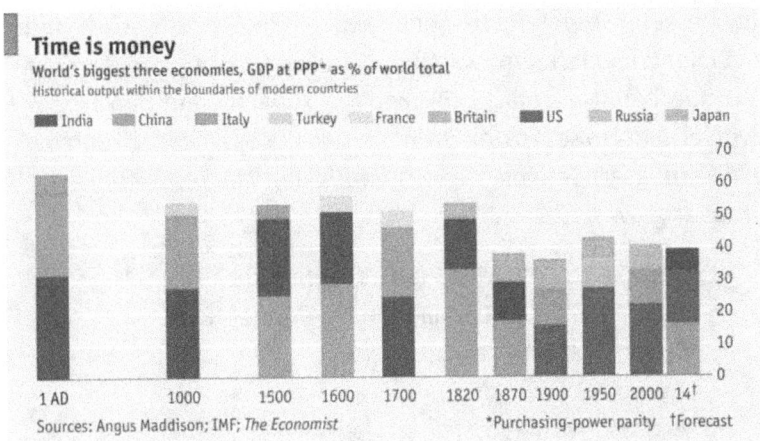

7   Quelle:
https://www.facebook.com/TheEconomist/videos/10153266453064060/?fref=
nf

Ein sehr ähnliches Bild zeigt sich bei dieser Quelle hier:

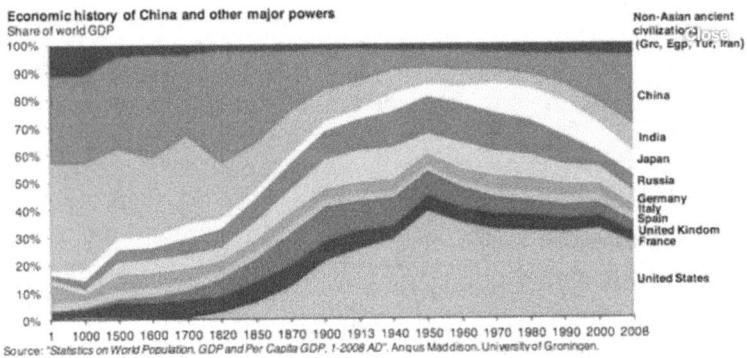

8 Quelle. https://www.quora.com/Why-couldnt-Japan-or-Germany-maintain-
their-status-as-the-worlds-second-largest-economy

Was war also der entscheidende Kick, der Europa und der westlichen Welt (insbesondere USA) nach Jahrtausenden der geringen weltweiten Bedeutung zu seinem Durchbruch verholfen hat? Was führt derzeit wieder dazu, dass Europas Einfluss auf die Welt abnimmt und Asien wieder so massiv aufholen kann?

Zum besseren Verständnis gehen wir einen Schritt zurück und versuchen zu verstehen, was den „Einfluss" eines Landes in der Welt überhaupt ausmacht. Blicken wir zunächst auf den Faktor Bevölkerungsgröße. Sowohl früher als auch gegenwärtig kann die Bevölkerungsgröße nicht der Grund für den starken Einfluss der Europäer gewesen sein[4]:

- Europa: ca. 700 Millionen Einwohner (10%)
- Nordamerika: 550 Millionen Einwohner (8%)
- Südamerika: 400 Millionen (6%)
- Asien: 4,2 Mrd. (60%)
- Afrika: 1 Mrd. (15%)

Europa und die USA („der Westen") haben also nur 20% der Einwohner der Erde und hatten trotzdem vor knapp einem Jahrhundert geschätzte 80% der Macht. Es gewinnt also nicht immer das Land, das die meisten Kinder bekommt bzw. bekommen hat.

Was sind also die Faktoren, die den Einfluss eines Landes bestimmen? Aus meiner Sicht sind dies folgende Faktoren:

1. Bevölkerungsgröße
2. Ressourcen / Geographie
3. Militärische Stärke
4. Technologie
5. Effizienz des Wirtschaftssystems
6. Kulturelle Anziehung

Die Bevölkerungsgröße wurde oben bereits betrachtet – sie kann die Veränderung offensichtlich nicht erklären.

Geographie und Ressourcen können auch nicht der Grund sein – andere Regionen sind mindestens ebenso gut mit Rohstoffen ausgestattet.

---

[4] Quelle: http://www.bernhard-gaul.de/wissen/meere_kontinente.php

Es kommen also nur die übrigen Faktoren in Frage: Militärische Stärke, überlegende Technologie durch Industrielle Revolution, die Effizienz des Wirtschaftssystems und die kulturelle Anziehung.

Militärische Stärke ist eine Folge technologischer Überlegenheit sofern eine Gesellschaft beschließt Ihre Ressourcen in dieses Gebiet zu stecken.

Neue Technologie wird erfahrungsgemäß da entwickelt und zuerst implementiert, wo Ingenieure, Wissenschaftler und kreative „Freigeister" gut ausgebildet werden, sich wohlfühlen und gute Bedingungen zum Arbeiten vorfinden. Typischerweise sind das die Länder, in denen eine hohe Effizienz des Wirtschaftssystems vorherrscht und die kulturell viel zu bieten haben bzw. eine große Lebensqualität bieten. Also die Punkte 5 und 6 der Liste. Die Region zu sein in der die neuen Technologien entwickelt werden bringt definitiv Vorteile – Allerdings sollte man betonen, dass in einer globalisierten Welt dank des Internets sich technologische Innovationen sehr schnell verbreiten wodurch sich ein dauerhafter Vorsprung sehr schwierig halten lässt. Dies geht nur durch permanente Weiterentwicklung indem man eine wissenschaftliche Community dauerhaft an sich bindet.

Deshalb sollten wir uns auf die Effizienz des Wirtschaftssystems und die kulturelle Anziehung konzentrieren. Meiner Meinung nach haben diese beiden Punkte uns Europäer schon vor 200 Jahren beim Start der Industriellen Revolution und der Einführung des Kapitalismus an die Weltspitze geführt.

Kulturell hat Europa nach wie vor einen sehr großen Einfluss – schon allein bedingt aus der langen kulturellen Historie. Was ebenfalls nicht außer Acht gelassen werden darf, ist die einstige Besetzung durch die europäischen Mächte, die kulturell sehr wohl noch stark in den einst besetzten Ländern wirkt. Die USA sind offensichtlich stark englisch geprägt, ganz Lateinamerika ist spanisch oder portugiesisch geprägt und große Teile Afrikas sind bis heute unter starkem französischem Einfluss. Eine gemeinsame

Sprache schafft immer einen gemeinsamen kulturellen Raum, so dass sich diese jeweiligen Regionen auch zukünftig gegenseitig stark beeinflussen. Das Beispiel des Römischen Reiches zeigt, dass kultureller Einfluss dauerhafter ist als rein politischer. Auch 1000 Jahre nach seinem Untergang sprechen Europäer romanische Sprachen und beziehen sich auf das Römische Reich.

Unabhängig von der Frage, ob wünschenswert oder nicht, ist meine Vermutung deshalb: Europa hat dauerhaft die Chance weit überproportionale Bedeutung auf globaler Ebene zu behalten - sicherlich nicht die 80% vor hundert Jahren aber auch nicht nur die 10% der Bedeutung gemessen am Bevölkerungsanteil. Genau wie es die Industrielle Revolution vor 200 Jahren geschafft hat Europa die Nummer 1 der Welt werden zu lassen, ist auch künftig die Schaffung eines effizienten und kulturell wertvollen Gesellschaftssystems das wichtigste Element zur Sicherung eines langfristigen Einflusses. Der Schlüssel zum dauerhaft überproportionalen Einfluss Europas in der Welt liegt also daran wie gut wir selber unsere Staaten organisieren. Das Schöne ist, das wir dies weitgehend selbst in der Hand haben. Dieses Buch versucht im letzten Kapitel eine solche Weiterentwicklung des Kapitalismus zu skizzieren. Ich nenne dieses neue Gesellschaftssystem „Demokratische Marktwirtschaft".

Zusammenfassung

- Historisch betrachtet ist der wichtigste Einflussfaktor für den Erfolg einer Nation oder Region immer deren Gesellschaftsordnung bzw. Wirtschafssystem. Die anderen Faktoren sind zweitranging.
- Europa sollte sich deshalb auf die Weiterentwicklung seiner Gesellschaftsordnung konzentrieren.

Problem 2: Terrorismus

Bevor wir in diesem Buch eine neue Gesellschaftsform erfinden, müssen wir uns vorab dem Terrorismus widmen. Mit 14% immerhin das fünftgrößte Problem der Europäer. Al Quaida, ISIS, Schuh-Bomber, 9/11, etc. - wenn man die hiesigen Medien verfolgt könnte man den Eindruck bekommen, dass Europa nicht mehr sicher sei. Ein Blick auf die Fakten soll versuchen den Terrorismus in ein Verhältnis einzuordnen:

- Jedes Jahr sterben ca. 5.000.000 Menschen in Europa – die allermeisten davon an (altersbedingten) Krankheiten wie Herz-Kreislauf-Erkrankungen oder Krebs.
- In Europa gibt es 26.000 Verkehrstote pro Jahr[5]
- In Europa gibt es ca. 22.000 (!) Morde pro Jahr[6]
- In Europa wurden seit dem 11. September 2001 weniger als 100 Menschen Opfer von Terroranschlägen - also weniger als 10 Tote pro Jahr[7]

Es rechnet kaum einer damit durch einen Verkehrsunfall oder durch einen Mord zu sterben. Warum also spielt Terrorismus in der öffentlichen Wahrnehmung eine so große Rolle, wenn er doch kaum eine reale/faktische Gefahr darstellt? Warum herrscht in der Bevölkerung trotzdem eine derartig große Angst? Die Begründung findet sich in zwei Aspekten: Zum einen ist Terrorismus tatsächlich die Achillesverse aller freien Gesellschaften. Der Nebeneffekt von Freiheit und Privatsphäre ist, dass jeder Idiot sich weitgehend unentdeckt eine Bombe bauen und sich in einer Menschenmenge in die Luft sprengen

---

[5] http://www.spiegel.de/auto/aktuell/unfallstatistik-2013-weniger-verkehrstote-in-europa-als-2012-a-961746.html
[6] http://www.unodc.org/documents/gsh/pdfs/2014_GLOBAL_HOMICID E_BOOK_web.pdf
[7] http://de.statista.com/statistik/daten/studie/37787/umfrage/tote-bei-ausgewaehlten-islamistisch-terroristischen-terroranschlaegen-seit-1993/

kann. Dies kann man schwerlich verhindern und diese Erkenntnis macht den Menschen Angst.

Zum anderen unterscheiden sich Terroristen von normalen Kriminellen dadurch, dass sie eine Ideologie verfolgen, die ihr Verhalten scheinbar rechtfertigen. Der Kriminelle weiß meist, dass er Unrecht tut. Der Terrorist hält die Gesellschaft für ungerecht und bekämpft sie deshalb. Dies verunsichert die Menschen gemeinhin, weil es das Fundament unserer Gesellschaft in Frage stellt. Darüber hinaus beeindrucken uns starke Überzeugungen in der westlichen Welt, da sie zunehmend seltener werden. Im Westen leben Gesellschaften ständig mit Kompromissen und Toleranz von verschiedenen Weltanschauungen. Wenn nun einer daherkommt und von absoluten Wahrheiten spricht, ist dies beeindruckend und beängstigend zugleich.

Wir erkennen also, dass Terrorismus primär ein psychologisches Problem ist, das durch die Medien sichtbar gemacht und verstärkt wird. Medien verkaufen sich durch Sensationen und anscheinend „verkaufen" sich Stories über terroristische Anschläge ganz hervorragend. Zwar publizieren Medien auch gerne andere Geschichten - wie z.B. Mord aus Eifersucht - aber hier ist der Vergleich mit den eigenen täglichen Erfahrungen für die Leserschaft möglich. Demnach werden die Leser nicht schlussfolgern, dass „Liebe" stets zu Eifersucht und schließlich zu Mord führt. Wie wichtig dieser Abgleich mit dem eigenen Erleben ist, zeigt dieses Beispiel: Obwohl mehr als 10.000 Menschen pro Jahr „aus Liebe" töten, wird nicht die Liebe dafür verantwortlich gemacht. Wenn allerdings 10 Menschen pro Jahr „für den Islam" getötet werden, ist diese Religion mit mehr als 500 Millionen Anhängern Schuld? Diese Schlussfolgerung macht offensichtlich keinen Sinn.

Meiner Meinung nach ist es übrigens wirklich erstaunlich, dass nicht noch viel mehr Anschläge durch Terroristen zu verantworten sind. Jeder halbwegs große Drogenring „schafft" da mehr Tote pro Jahr als „die islamistische Terrorbedrohung". Al Qaida bzw. ISIS hat einfach die bessere PR Abteilung – oder die heimische Presse hat bemerkt, dass nicht nur Sex Sells sondern auch Terror. Wenn der Islam wirklich so schlimm wäre wie manche behaupten, hätten wir wesentlich mehr Tote und Verletzte durch Terrorismus zu verzeichnen als die derzeitig sehr wenigen 10 pro Jahr.

Auch die Bedrohung durch ISIS und Boko Harem etc. sind bei neutraler Betrachtung sehr gering: Selbst wenn ISIS 50.000 Leute unter Waffen haben: Sobald solch eine Organisation anfängt Land zu besetzen und echte Regierungsgewalt auszuüben sind sie auch mit klassischen Methoden der Kriegsführung angreifbar. Natürlich hätten Sie dann gegen das westliche Militär keine Chance.

Die Lösung des Terrorismusproblems ist also schlicht die Erkenntnis, dass das Problem in Wirklichkeit sehr, sehr klein ist und eigentlich völlig unbedeutend für das Leben in Europa ist. Man sollte deshalb also nicht mit immer neuen Sicherheitsgesetzen das Leben der Millionen „Normalbürger" einschränken, sondern vielmehr an der öffentlichen Wahrnehmung arbeiten. Wie schon Benjamin Franklin sagte: „Wer die Freiheit aufgibt für mehr Sicherheit, wird am Ende beides verlieren". Die Wahrheit ist also: Solange wir eine freiheitliche Demokratie haben, wird der Westen immer anfällig für Terrorismus sein. Das muss man aushalten können und das muss einem die Freiheit wert sein.

Leider ist das „Arbeiten an der öffentlichen Wahrnehmung" leicht gesagt und schwer getan. Die Medien bestimmen den öffentlichen Diskurs und leider haben mehr und mehr politische Gruppen es mittlerweile verstanden, dass eine kleine Gruppe mit lautem Geschrei und/oder Geld in diesen Medien ihre Partikularinteressen gegen die große Mehrheit durchsetzen kann.

Das macht Femen nicht anders als Al Qaida oder Greenpeace. Die Medien und Ihre Kunden lieben nun einmal spektakuläre Aktionen und richten ihre Aufmerksamkeit darauf. Die Digitalisierung der Medien bzw. das Internet hat diese Tendenz noch verstärkt.

Also was soll man machen? Mit einer freiheitlichen Grundordnung ist es nicht zu vereinbaren die Berichterstattung über solche Themen zu verbieten, mit Quoten zu versehen oder anderswie zu zensieren. Was eher dem westlichen Ansatz entspricht, ist allerdings die Gestaltung von Anreizsystemen: Genau wie die Medien derzeit inzentiviert werden über Terrorismus, Titten und Gewalt zu berichten - weil das Auflage bringt - müsste man dieses Anreizsystem so ändern, dass akkurate Berichterstattung, ausgewogener Diskurs und öffentliche Bildung belohnt werden. Das ist keine leichte Aufgabe und ich muss erst die demokratische Marktwirtschaft erklären, bevor ich hierfür einen Ansatz darstellen kann[8]. Ich komme darauf aber nochmal wieder zurück in diesem Buch[9].

Zusammenfassung

- Das Problem des Terrorismus ist entgegen der Darstellung in den Medien in Wirklichkeit sehr klein
- Terrorismus „funktioniert" nur deshalb, weil die Medien die Angst transportieren. Zur Lösung des Terrorismusproblems müssen deshalb Anreize bei den Medien weg von Sensationsgier hin zu ausgewogener Berichterstattung geschaffen werden.

---

[8] Einen weiteren möglichen Ansatz beschreibe ich in Wysk: Game of Life – What if Game Designers ruled the world.
[9] Es gibt es natürlich auch handfeste Möglichkeiten etwas gegen die Ursachen des Terrorismus zu machen. Z.B. würde etwas Zurückhaltung des Westens im arabischen Raum sicher helfen. Langfristig wird die geringere Abhängigkeit von Öl dafür automatisch sorgen

Problem 3: Wirtschaftliche Lage

Für 24% der Bevölkerung in Europa ist die wirtschaftliche Lage in Europa eine der Hauptsorgen. Sie haben das Gefühl, dass es ihnen jedes Jahr eher schlechter als besser geht oder sie befürchten eine Verschlechterung der aktuellen Situation. Ist das nun etwa auch „Einbildung" wie bei dem Terrorismus-Problem? Wieso haben so viele Menschen Sorgen um die wirtschaftliche Lage?

Betrachten wir zunächst wieder die Fakten und fangen mit dem Bruttosozialprodukt an. Das Bruttosozialprodukt summiert alle Preise der in einem Jahr produzierten Waren und Dienstleistungen einer Volkswirtschaft. Wichtig ist hier, dass nur Güter oder Dienstleistungen gezählt werden, die einen Preis haben. Alles, was ehrenamtlich ohne Bezahlung geleistet wird, zählt nicht. Alles, was keinen Preis hat, zählt nicht. Dies führt teilweise zu irreführenden Ergebnissen in der Statistik und tendenziell zu einer Unterschätzung der Leistung z.B. der EU im Vergleich zu den USA, da in den USA ein größerer Teil der Wirtschaft Marktpreise hat (z.B. Gesundheitssektor). Dies kann zu falschen Ergebnissen führen, aber mangels Alternativen nehmen wir das BSP als Basis zur Einschätzung der aktuellen wirtschaftlichen Lage heran.

Mit dem Bruttosozialprodukt Europas ging es in den letzten Jahrzehnten mehr oder weniger kontinuierlich aufwärts:

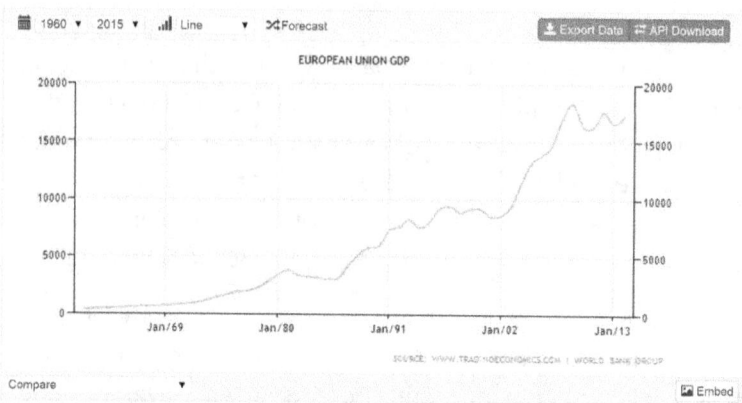

9 http://www.tradingeconomics.com/european-union/gdp

Wie jeder Privatmann weiß ist es nicht nur wichtig, was pro Monat bzw. Jahr verdient wird (=Bruttosozialprodukt), sondern auch was insgesamt auf dem Konto liegt (=Vermögen). In Bezug auf eine Volkswirtschaft spricht man hier vom Gesamtvermögen eines Landes. Neben dem Geldvermögen auf dem Konto sind hier auch Immobilien und andere Assets miteinbezogen.

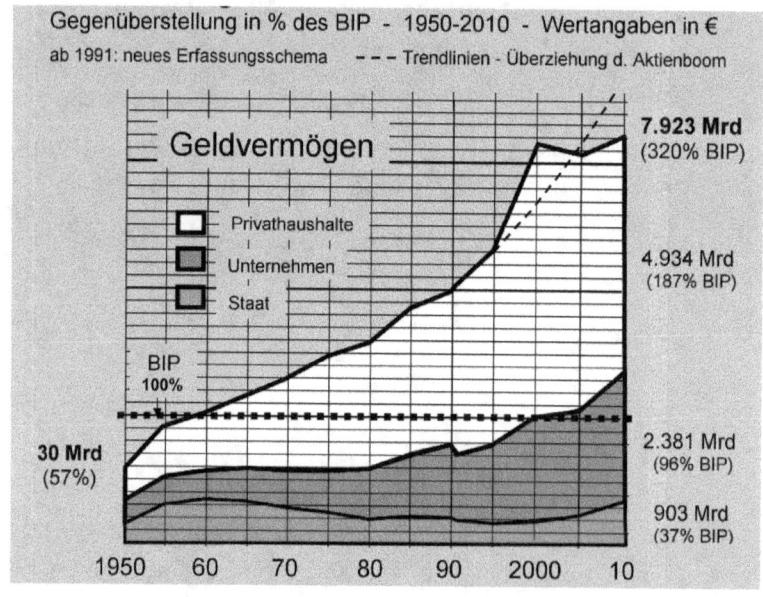

10 http://www.helmut-creutz.de/pdf/grafiken/b/creutz_034-43.pdf

Auch bei der Vermögensentwicklung sieht man einen klaren Aufwärtstrend innerhalb der letzten Jahrzehnte. Betrachtet man das Ganze über einen längeren Zeitraum, wie z.B. über die letzten 200 Jahre, ist der Effekt noch stärker. Es gilt zwar ein ähnlicher Disclaimer wie beim Bruttosozialprodukt - z.B. würde auch eine Preisblase im Immobiliensektor das Gesamtvermögen erhöhen – aber auch hier unterschätzt die Zahl in Europa die Entwicklung eher im Vergleich zu anderen Ländern wie z.B. den USA.

Wenn aber die Entwicklung derart positiv ist, warum haben die Menschen in der EU eine so große Sorge um die wirtschaftliche Entwicklung? Der Hauptgrund dafür ist, dass es sich bei den meisten Statistiken um absolute Zahlen handelt. Insgesamt haben Deutschland und Europa sowohl im Einkommen (BSP) als auch im Vermögen massive Fortschritte gemacht, wie man an den obigen Graphen sehen kann. Keine Aussage kann man hingegen darüber fällen, wie sich die Einkommen und Vermögen auf die Personen und Haushalte verteilen.

Einkommen und Vermögen sind generell sehr ungleich verteilt – bei den Vermögen noch ungleicher als bei den Einkommen wie diese Lorenzkurve zeigt:

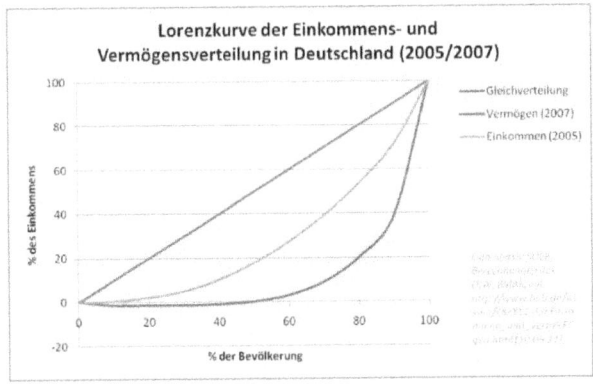

11 http://de.wikipedia.org/wiki/Soziale_Ungleichheit

Dies erklärt wie es Teilen der Bevölkerung trotz generell steigendem Einkommen und Vermögen schlechter gehen kann.

Wir haben derzeit ein Problem hinsichtlich der Verteilung des Reichtums – in Summe hat der Kapitalismus in den letzten 200 Jahren hervorragend funktioniert und das Knappheitsproblem grundsätzlich bereits jetzt gelöst.

Zwei Zahlen können dies ziemlich einfach verdeutlichen:

Nimmt man das Bruttosozialprodukt von 2014 i.H.v. ca. 3.000 Mrd. EUR und teilt es durch die 40 Millionen Haushalte in Deutschland, ergibt sich schon heute ein durchschnittliches Einkommen von >70.000 EUR pro Haushalt. Würde jeder gleich entlohnt würde, dann könnte jeder 70.000 EUR verdienen. Der Kuchen, der pro Jahr produziert wird, reicht also locker für alle. Diese zunehmende Schere zwischen Durchschnitt pro Kopf und tatsächlichem Median-Einkommen[10] wird auch in der folgenden Grafik deutlich.

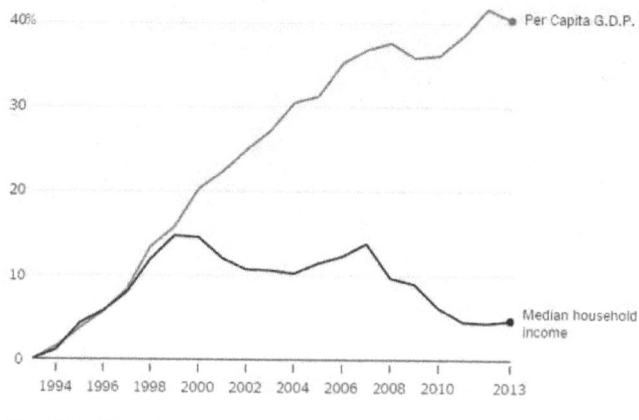

Growth Hasn't Translated Into Gains in Middle-Class Income

Until around 1999, overall economic growth tended to correspond with growth in earnings for middle-income Americans. Since then, the two have diverged sharply.

Percent change indexed to 1993 level

Source: Census, Bureau of Economic Analysis

---

[10] also bei welchem Einkommen ist man genau in der Mitte der Bevölkerung

22

Die Zahlen stammen hier zwar aus den USA - aber etwas weniger stark ausgeprägt gilt das so ähnlich auch für Europa.

Beim Vermögen wird der Unterschied zwischen Durschnitt pro Kopf und der tatsächlichen Verteilung auch noch einmal deutlich. Nimmt man das Gesamtvermögen 2014 von ca. 8.000 Mrd. EUR und teilt es durch die 40 Millionen Haushalte, erhält man ca. 200.000 EUR pro Haushalt. Auch das würde locker reichen für ein kleines Häuschen für jeden Haushalt. In der Realität liegt das Median-Vermögen eher bei 15.000 EUR wie eine Studie vom DIW noch einmal verdeutlicht hat[11].

Seit dem 2. Weltkrieg hat sich die Vermögensverteilung über die Jahre extrem zugunsten der Top 1% oder sogar nur 0,01% verschoben. Die folgende Grafik verdeutlicht das am Beispiel der USA – ähnliches gilt aber auch wieder für Deutschland und Europa.

Percentiles of Family Wealth, 1963–2013

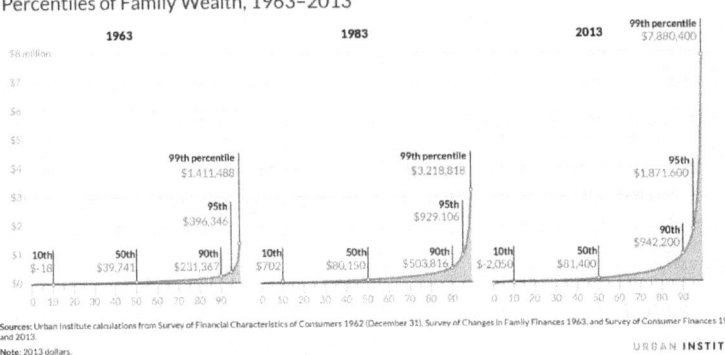

12 http://www.pbs.org/newshour/making-sense/todays-racial-wealth-gap-is-wider-than-in-the-1960s/

Dieses extreme Ungleichgewicht ist den meisten Menschen nicht einmal bewusst wie die folgende Grafik zeigt.

---

[11] http://www.diw.de/documents/publikationen/73/74780/07-45-1.pdf

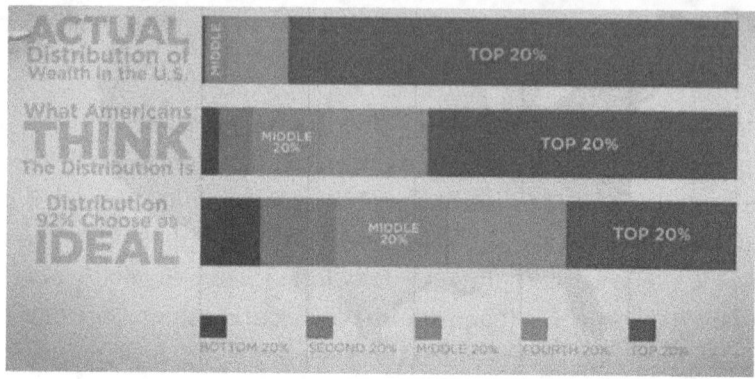

All diese Daten und Grafiken zeigen: In der westlichen Welt gibt es von allem genug – Wir haben kein Knappheitsproblem mehr, sondern ein Verteilungsproblem. Der symbolische Kuchen ist bereits jetzt groß genug für alle. Außerdem deutet alles darauf hin, dass mit dem explodierenden technischen Fortschritt auch weiterhin ein immer größerer Kuchen möglich sein wird – ein großartiger Erfolg der Menschheit.

Nach dem Ende der Knappheit[12] ist die nächste Herausforderung die Frage: wie können die Stücke des Kuchens besser verteilt werden, ohne dass der Kuchen kleiner wird, der im folgenden Jahr gebacken wird. Dies wird in den nächsten Kapiteln diskutiert, woraufhin dann mit der Demokratischen Marktwirtschaft ein Lösungsvorschlag erarbeitet wird.

Zusammenfassung

- Das Knappheitsproblem wurde erfolgreich gelöst. Der entstandene Reichtum ist nur zu ungleich verteilt.

---

[12] http://www.amazon.de/Die-Null-Grenzkosten-Gesellschaft-kollaboratives-Gemeingut-Kapitalismus/dp/3593399172/ref=sr_1_1?ie=UTF8&qid=1430053634&sr=8-1&keywords=rifkin)

Problem 4: Arbeitslosigkeit

Die große Konstante der Politik seit den 70er Jahren ist die Furcht vor der Arbeitslosigkeit. Schaut man sich die Statistiken zur Arbeitslosigkeit an, sieht man einen klaren Trend: Seit den 70er Jahren geht es – wenn auch wellenförmig - kontinuierlich aufwärts mit der Arbeitslosenquote – und das praktisch in allen Ländern des Westens.

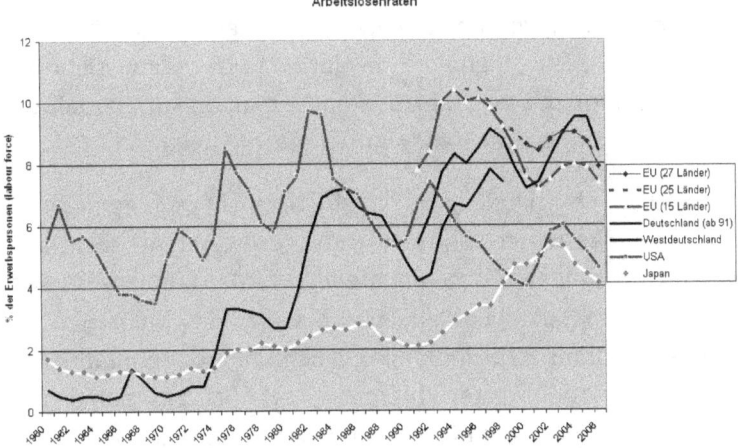

Arbeitslosenraten

13
http://de.wikipedia.org/wiki/Arbeitslosenstatistik#mediaviewer/File:IntVerglAr blos.PNG

Die typische Lesart dieser Entwicklung ist, dass der Westen „Wettbewerbsfähigkeit" verliert und deshalb Arbeitsplätze und Standorte in andere Länder abwandern. Allerdings wurde in der Besprechung von „Problem 3: Wirtschaftliche Lage" gezeigt, dass es real mit der europäischen Wirtschaft trotz des Verlustes von Arbeitsplätzen kontinuierlich aufwärts ging - Wie passt das zusammen?

Die Antwort ist, dass der Verlust an Arbeitsplätzen primär Ausdruck einer generellen Entwicklung ist. Technologischer und prozessualer Fortschritt bewirkt immer weniger Bedarf an Menschen, um die gewünschten Produkte und Dienstleistungen herzustellen. Der Volkswirt sagt dazu: Die Wirtschaft wird immer weniger „arbeitsintensiv" und mehr „kapitalintensiv". Konkret kann man sich das so vorstellen, dass mehr und mehr Aufgaben von Robotern übernommen werden (z.B. von Fließband-Robotern) oder komplett digitalisiert werden (z.B. Netflix statt Videothek).

Dieser Trend wird sich noch weiter verstärken in den nächsten Jahrzehnten. Die „Digitale Revolution" ist voraussichtlich gleichbedeutend mit der Industriellen Revolution vor 200 Jahren und wird ähnlich weitreichende Auswirkungen haben.

Eine solche Entwicklung wird langfristig nicht mit geringeren Lohnkosten (=geringere Löhne) oder mit geringeren Arbeitszeiten wie einer 20 Stunden Woche abgefedert werden können. Erstens wäre es ein massiver Einschnitt in die Freiheit, Menschen zu verbieten mehr als 20 Stunden pro Woche zu arbeiten. Zweitens würden die Arbeitskosten hierdurch erhöht und damit die Entwicklung noch weiter beschleunigt. Drittens wäre das Überangebot an Arbeitskräften damit nicht langfristig auszugleichen.

Heißt das nun, dass die Lage hoffnungslos ist und wir früher oder später (fast) alle arbeitslos werden und von Maschinen ersetzt werden? Ja und Nein.

Ja - wir werden (fast) alle im heutigen Sinne arbeitslos sein, aber Nein, das ist alles andere als hoffnungslos, sondern gut!

Hier etwas Kontext, um zu verstehen, warum:

Vor einigen hundert Jahren mussten 98% der Bevölkerung in der Landwirtschaft arbeiten, um sich weitgehend selbständig zu ernähren. Heute, nach der industriellen Revolution, arbeiten nur noch 2% der Bevölkerung in der Landwirtschaft und dennoch gibt es grundsätzlich genügend Nahrung. Der Rest der Bevölkerung ist mit der Produktion von Waren und Dienstleistungen beschäftigt oder ist Kind, Rentner oder arbeitslos. Meine Vorhersage ist, dass sich durch die digitale Revolution die Verhältnisse noch einmal ähnlich stark verschieben werden. Ich sage voraus: In 50 oder 100 Jahren werden unter 20% der Bevölkerung ausreichen, um die Produkte und Dienstleistungen von heute zu produzieren. Die übrigen 80% werden dafür nicht benötigt[13].

Wir müssen als Gesellschaft begreifen, dass es etwas Gutes ist, nicht mehr derart stark schuften zu müssen um die gleichen Waren und Dienstleistungen zu produzieren. Dies kommt dem Westen sehr gelegen, da im Zuge des demographischen Wandels (=Überalterung) ein großer Teil der arbeitsfähigen Bevölkerung schrumpft. Gäbe es keinen technischen Fortschritt, würde das auch mit einem massiven Wohlstandsverlust einhergehen.

Das Wort sollte deshalb nicht „arbeitslos" heißen, sondern „arbeitsfrei". Das ist das Ende der Knappheit und großartig![14]

Am folgendem Beispiel sollte jeder verstehen, dass eine solche Entwicklung gut ist: Vor hundert Jahren musste die typische Hausfrau 5 Stunden am Tag putzen, Wäsche machen etc. Dank Bügeleisen, Ofen, Kühlschrank, Trockner etc. geht das heute wesentlich schneller und die Hausfrau hat mehr Freizeit. Jeder findet das gut. Aber wenn das Gleiche im großen Stil in der gesamten Wirtschaft passiert, soll eine solche Entwicklung plötzlich etwas Schlechtes sein?

Wir sehnen uns alle nach Urlaub und Freizeit und schimpfen über die Arbeit. Das ist doch verrückt! Wäre es nicht schön, wenn wir alle den gleichen Lebensstandard hätten und nicht mehr arbeiten müssten? Natürlich. Jeder findet „nicht arbeiten" toll. In der

---

[13] https://netzoekonom.de/2015/06/18/die-digitalisierung-gefaehrdet-5-millionen-jobs-in-deutschland/
[14] Zumindest falls es nicht zu dem hier führt: http://waitbutwhy.com/2015/01/artificial-intelligence-revolution-1.html ^^

Kindheit, als Rentner oder im Urlaub. Was steckt also hinter unserer Angst vor der „Arbeitsfreiheit"?

Der Hauptgrund ist sicherlich, dass im aktuellen Wirtschaftssystem Arbeit die Maßeinheit ist, nach der die breite Bevölkerung an den Produkten und Dienstleistungen beteiligt wird. Lohneinkommen durch Arbeit ist für die Mehrheit der Bevölkerung das wichtigste Einkommen. Arbeit ist sozusagen das „Proxy", mit dem für jedermann der Anteil am Volkseinkommen bestimmt wird. Wenn jemand nicht mehr arbeitet, wird er von „seinem" Anteil ausgeschlossen und bekommt via Hartz IV & Co nur noch ein Almosen. Das ist für die breite Mehrheit der Grund für die Furcht vor der Arbeitslosigkeit – nicht die Liebe zum Job am Band bei VW oder an der Kasse bei ALDI.

Was passiert aber nun, wenn in 50 oder 100 Jahren mehr als 80% der Bevölkerung nicht mehr arbeitet und dennoch genauso viel oder gar mehr produziert wird als vorher? In diesem Fall taugt Arbeit nicht mehr als Proxy für den Anteil am Volkseinkommen und eine neue Lösung wird benötigt. Mehr als 80% der Bevölkerung von den Erzeugnissen der Wirtschaft auszuschließen ist weder gerecht noch einer stabilen Gesellschaft zuträglich. Darüber hinaus werden diese mehr als 80% als Konsumenten gebraucht, um den Wirtschaftskreislauf in Schwung zu halten.

Bereits heutzutage ist Arbeit als Proxy zur Beteiligung am Wohlstand mehr und mehr „kaputt": Der klassische Kapitalismus geht davon aus, dass sich „Leistung" lohnt und deshalb Individuen möglichst idealerweise proportional zu seinem Arbeitseinsatz entlohnt werden sollte (siehe Beispiel A).

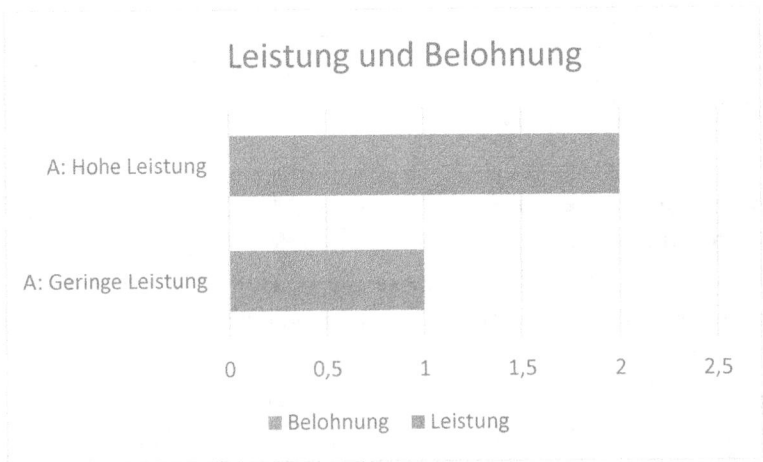

Leistung und Belohnung

Was der klassische Kapitalismus dabei übersieht, ist dass wir alle auf den Schultern von Giganten stehen[15]. Wie man in der Grafik unten sehen kann, kann ein klein wenig mehr Leistung (bzw. Knappheit) zu überproportional mehr Ertrag führen – Einfach, weil gesellschaftliche Systeme und Technologie einen starken Multiplikator darstellen.

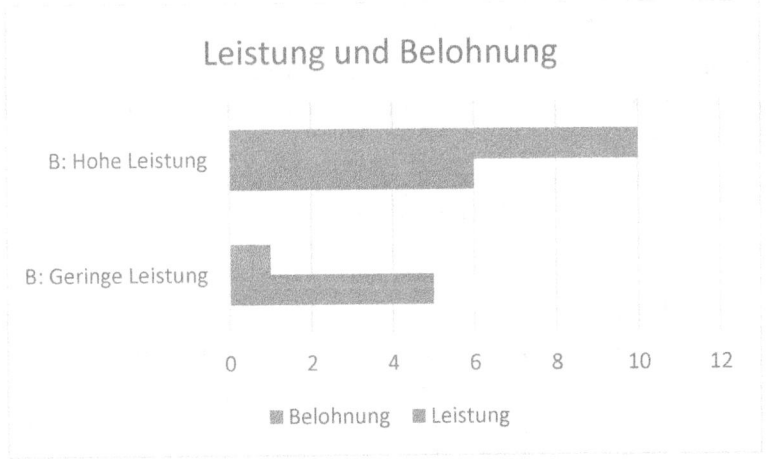

Leistung und Belohnung

Man sieht also, dass auch das aktuelle System bereits heute nicht gerecht ist – wenn ein größerer Teil der Bevölkerung durch den

---

[15] Wie schon von Isaac Newton festgestellt

technologischen Fortschritt ausgeschlossen wird und Ihre Arbeit gar nicht mehr gebraucht wird, verbessert dies den Mangel an Gerechtigkeit nicht.

Wir brauchen also ein neues Wirtschaftssystem, das diese neuen (zukünftigen) Realitäten berücksichtigt. Was sind die Anforderungen an ein solches Wirtschaftssystem? Viele Menschen in Deutschland und Europa denken, dass erst Arbeit ihrem Leben einen Sinn gibt. Menschen wollen zum Gemeinwohl beitragen und produktiv sein. Diese Kultur ist grundsätzlich sicherlich positiv und diesen Aspekt unserer Kultur gilt es in der Gestaltung eines neuen Gesellschaftssystems zu berücksichtigen, in der der Markt die Arbeit der Bevölkerung nicht mehr (ausreichend) nachfragt.

Ebenfalls darf dieses System nicht den Fehler des Kommunismus machen und jegliche Selbstinitiative verhindern. Wir wollen ja auch zukünftig Innovationen und Firmengründungen haben, damit unser Leben immer besser wird. Dafür brauchen wir intrinsisch motivierte Leute, die etwas zu gewinnen haben und durch harte Arbeit einen Vorteil gegenüber ihren „fauleren" Mitbürgern haben. Wie all diese Anforderungen zusammen funktionieren können, wird im Kapitel „Demokratischen Marktwirtschaft" diskutiert.

Zusammenfassung

- Die zunehmende Arbeitslosigkeit ist primär kein Mangel an „Wettbewerbsfähigkeit", sondern Ausdruck der zunehmenden Automatisierung der Wirtschaft im Zuge der Digitalen Revolution
- In 50-100 Jahren wird voraussichtlich ein Großteil der Bevölkerung arbeitsfrei sein. Wir müssen eine Möglichkeit finden diese „arbeitsfreien" angemessen am Wohlstand der Gesellschaft zu beteiligen.

Problem 5: Staatsverschuldung

Die zunehmende Staatsverschuldung ist für Europäer das zweitwichtigste Problem. Das aktuelle Beispiel Griechenlands zeigt was mit einem Land passiert, das sich überschuldet. Es wird fremdbestimmt, es gibt massive Unruhen und es droht der Staatsbankrott. Ist die Angst der Europäer vor einer Überschuldung also berechtigt?

Betrachten wir wie immer zunächst die Fakten & Zahlen:

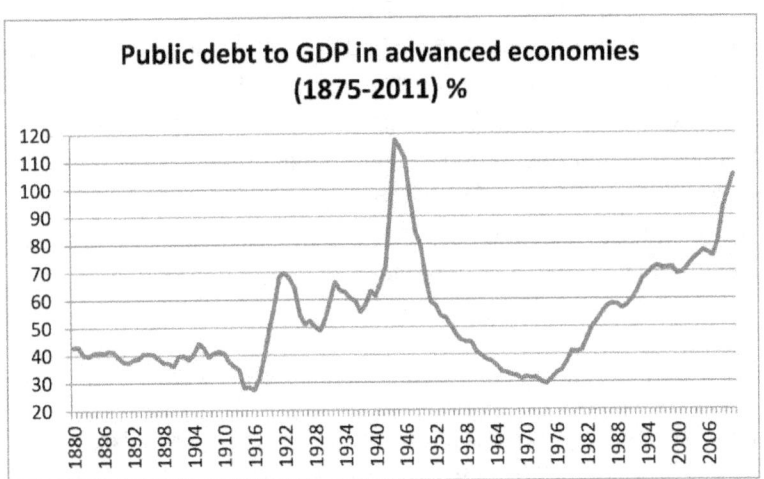

14   *https://thenextrecession.wordpress.com/2012/10/*   *oder*   *auch*
http://www.tradingeconomics.com/euro-area/government-debt-to-gdp

Tatsächlich ist in den letzten Jahrzehnten die Staatsverschuldung massiv gestiegen und der Westen hat dabei fast das Niveau zur Zeit des 2. Weltkrieges erreicht. Droht uns allen also das gleiche Schicksal wie Griechenland?

Zur Beantwortung dieser Frage müssen wir uns noch einmal der Frage zuwenden, was „Staatsverschuldung" überhaupt bedeutet: Ganz profan bedeutet es, das der Staat zusätzliches Geld aufnimmt, da er durch seine laufenden Einnahmen die geplanten Ausgaben nicht bezahlen kann.

Schulden an sich sind pauschal nichts Schlechtes. Schulden sind sinnvoll, sofern Kreditaufnahme im Sinne von Liquiditätsmanagement betrieben wird: Wenn der Staat also z.B. den Bau von Straßen plant und dafür in Jahr 1 Geld braucht während die gebauten Straßen voraussichtlich 30 Jahre halten werden. In diesem Fall macht es Sinn die Straßen auch über 30 Jahre hinweg abzuzahlen statt 30 Jahre zu sparen und dann mit dem angesparten Geld die Investitionen zu tätigen.

Keinen Sinn machen Kreditaufnahmen, wenn der betrachtete Staat strukturell unterfinanziert ist und er permanent konsumtive Ausgaben über Kredite finanziert – dies betrifft z.B. Sozialausgaben wie Hartz IV. Leider deutet der stetige Anstieg der europäischen Staatsschulden daraufhin, dass die meisten Staaten strukturell unterfinanziert sind und Ausgaben eher konsumtiv als investiv getätigt werden. Der Staat kann sich also strukturell Ausgaben nicht leisten, die er sich vorgenommen hat.

5.1 Verringerungen der Ausgaben
Die klassische bürgerliche Antwort auf dieses Szenario wäre nun, dass der Staat seine Ausgaben kürzen müsse: Wie die immer gern bemühte schwäbische Hausfrau darf nur das ausgegeben werden, was eingenommen wird. Also verabschieden wir einfach eine „Schuldenbremse" wie zuletzt in Deutschland geschehen haben damit das Problem gelöst, dass Politiker immer gerne mehr versprechen als der Staat sich leisten kann?

Wir haben sicherlich ein Problem auf der Ausgabenseite. Die 3-4% Finanzierungsdefizit, die europäische Staaten im Schnitt haben, ließen sich allerdings vermutlich einsparen ohne große Schäden anzurichten. Private Firmen schaffen dies in dieser Größenordnung ebenfalls regelmäßig, auch ohne alle Leute zu entlassen. Falls Politiker Ideen für einen Ansatz benötigen empfehle ich die Lektüre von z.B. http://www.schwarzbuch.de/

Ausgabenkürzungen allein können allerdings nicht das Allheilmittel gegen die Schuldenkrise sein. Es ist klar, dass konsumtive Ausgabenkürzungen die gesamtwirtschaftliche Nachfrage schwächen und damit mittelfristig auch die Produktionsseite. Geringere investive Ausgaben zum Beispiel in Bildung oder Infrastruktur werden sich langfristig ebenfalls nachteilhaft auswirken. Nicht jede staatliche Ausgabe ist sinnlos und kann ohne „Nebenwirkungen" eingespart werden.

5.2 Erleichterung der Kreditaufnahme

Neben der Verbesserung der Einnahmensituation durch Steuererhöhung oder einer Verringerung der Ausgaben beobachtet man häufig eine dritte staatliche Methode Finanzierungsprobleme zu lösen: Es wird sanfter Druck auf die Zentralbank ausgeübt, damit diese den Leitzins senkt. Die Hoffnung ist, dass die Banken so mehr Kredite zu günstigeren Konditionen vergeben. Das soll dann zu Wirtschaftswachstum führen und dem Staat so mehr Steuereinnahmen verschaffen. Gleichzeitig soll es dem Staat auch erlauben sich selber günstiger zu finanzieren.

Es kann für die Zentralbank durchaus Sinn machen über den Leitzins die effektive Geldmenge im Umlauf zu erhöhen. Liegen zum Beispiel konjunkturelle Gründe vor in der die Wirtschaft nicht vollausgelastet ist. Leider ist das Instrument des Leitzinses allerdings sehr ungenau und führt häufig nicht nur zu den gewünschten erhöhten Investitionen in Produktion und im Dienstleistungssektor, sondern auch zu „Asset Inflation". Dies meint, dass das zusätzliche Geld in der Realität häufig in der Hauptsache genutzt wird, um spekulative Investments in Aktien und Immobilien auf Kredit zu tätigen. In diesem Fall führt die erhöhte Geldmenge nicht zu einer Ausweitung der Produktionskapazität, sondern schlicht zu Preisblasen, die die

Funktionsfähigkeit der Marktwirtschaft sogar schwächen können. Die Finanzkrise von 2009 war die Folge einer solchen Preisblase im amerikanischen Häusermarkt. Die amerikanische Zentralbank hatte jahrelang eine Politik des billigen Geldes verfolgt, was zwar die Konjunktur angekurbelt, aber eben auch zu einer Preisblase im Häusermarkt geführt hat. Beim Platzen der Blase, gab es weltweit dann massive Verwerfungen.

Wie kann zukünftig sowas verhindert werden, ohne Verzicht auf das konjunkturelle Instrument des Leitzinses?

In meinem Buch „Game of Life: What if game designers ruled the world (2014)" schlage ich dafür die Einführung mehrerer Währungen vor. Ähnlich wie es in verschiedenen Ländern verschiedene Währungen gibt (horizontal), könnte es auch innerhalb eines Landes verschiedene Währungen für verschiedene Produktgruppen geben (vertikal). Wenn zum Beispiel Immobilien in einer anderen Währung gekauft werden müssen als Produktionsanlagen, könnte die Zentralbank den Leitzins für die eine Währung reduzieren und es würden weniger häufig Preisblasen bei Immobilien entstehen. Natürlich gäbe es einen Wechselkurs zwischen beiden Währungen. Diesen könnte die Zentralbank durch eine Umtauschsteuer beeinflussen. Sie hätte hierdurch präzisere Steuerungsmechanismen zur Verfügung.

Unabhängig von solchen Überlegungen kann eine strukturelle Überschuldung nicht dadurch gelöst werden, dass Schulden leichter aufgenommen werden können. In einzelnen Situationen kann sowas übergangsweise Sinn machen aber strukturelle Probleme müssen auch strukturell gelöst werden. Deshalb ist häufig der Schuldenschnitt die bessere Lösung, siehe nächstes Kapitel.

5.3 Schuldenschnitt

Was sollte man aber tun, wenn sich der Staat bereits über Jahrzehnte hinweg strukturell verschuldet hat oder sich durch einen externen Schock kurzfristig stark verschulden musste - wie z.B. bei der Finanzkrise 2009? Was, wenn also eine Veränderung der Ausgaben oder Einnahmensituation zu wenig an der Gesamtsituation ändert?

Nach den Maastricht-Verträgen wurden 60% des Bruttosozialprodukts als Obergrenze für eine akzeptable Verschuldung festgelegt. Dank der Finanzkrise 2009 ist selbst Deutschland davon mit ca. 80% des BSPs weit entfernt und kann derzeit dank niedriger Zinsen trotzdem problemlos seine Schulden bedienen. Vermutlich ist der Schuldenanteil der Haushaltsausgaben ein besserer Indikator für eine Überschuldung als der Anteil am BSP. Wenn dieser Anteil zu hoch ist und Ausgaben und Einnahmen keinen Spielraum mehr lassen – wie sollte ein Staat dann handeln?

Die Lösung ist relativ einfach und folgt im Prinzip nur den üblichen marktwirtschaftlichen Prinzipien: Genau wie eine Firma in die Insolvenz geht, sollte auch der Staat seine Insolvenz erklären und/oder mit seinen Gläubigern über einen Schuldenerlass verhandeln. Die Gläubiger sollte dies nicht überraschen – schließlich verlangen diese ja aufgrund genau dieser Gefahr bei weniger kreditwürdigen Ländern auch höhere Zinsen. Wenn sich dann das bekannte und eingepreiste Risiko materialisiert kann sich niemand beschweren. Wenn die Gläubiger ein zu hohes Risiko eingegangen sind und infolge des Kreditausfalls ebenfalls Pleite gehen, dann haben Sie einen schlechten Job gemacht und sind zurecht pleite.

Die Insolvenz eines Landes ist nichts Ungewöhnliches: Praktisch jedes Land der Erde war schon einmal insolvent – Auch Deutschland schon mehrere Male. Genau wie nahezu alle europäischen Länder ist Deutschland auf diesem Wege nach dem

2. Weltkrieg seine Schulden losgeworden. Von den europäischen Ländern hat es nur das United Kingdom bisher ohne Insolvenz geschafft.

Leider funktioniert diese marktwirtschaftliche Logik nicht immer, wie wir in der aktuellen Griechenlandkrise sehen. Als sich die Zahlungsprobleme der Griechen abzeichneten, haben die privaten Banken durch Lobbyarbeit und Angst schüren vor einer zweiten Finanzkrise und beschwören Ihrer eigenen „Systemrelevanz" schnell ihre griechischen Schuldtitel an die EU abgetreten. Würde Griechenland nun einen Schuldenschnitt vereinbaren, dann bluten nicht mehr die privaten Geldgeber (die sich ja jahrelang ihr Risiko durch hohe Zinsen haben bezahlen lassen), sondern der europäische Steuerzahler und damit die Allgemeinheit.

Glücklicherweise bietet sich in einem solchen Fall noch eine alternative Möglichkeit an, Schulden loszuwerden: Die EZB sollte mit frisch geschaffenem Geld die Schulden aufkaufen. Dies klingt zwar etwas irre, aber genau das passiert bereits in Japan[16] und auch in den USA. Auch die EU ist da gerade eingestiegen mit ihrem Quantitative Easing Programm. Hierbei werden Staatsschulden mit „frisch gedrucktem" Geld der Zentralbank aufgekauft und so die Bilanzen der Zentralbank verlängert.

Was Japan, die USA und Europa aber zumindest offiziell noch nicht machen ist, dass die Schulden wieder aus der Bilanz der EZB gestrichen werden. Praktisch sind sie verschwunden wenn sie in der EZB Bilanz stehen und es ist eigentlich egal ob sie offiziell aus der Bilanz gestrichen werden oder nicht.

Wenn es ohne Folgen bleibt Schulden wieder loszuwerden, warum überhaupt noch Steuern erheben? Warum machen wir

---

[16] https://agenda.weforum.org/2015/03/how-is-japan-managing-its-debt/?utm_content=buffer5d956&utm_medium=social&utm_source=facebook.com&utm_campaign=buffer

nicht alles schuldenfinanziert über die EZB? In welchen Fällen ist es gut, dass die EZB Schulden übernimmt und in welchen Fällen ist es schlecht? Wann führt das „Drucken von neuem Geld" zu Inflation?

Um das zu verstehen, müssen wir einen Schritt zurückgehen und verstehen, was Schulden überhaupt sind. Entgegen der landläufigen Meinung sind Schulden der einen nicht zwangsläufig die Ersparnisse der anderen. Wir haben in der westlichen Welt das System der sogenannten „Giralgeldschöpfung". D.h. nimmt man bei der Bank um die Ecke einen Kredit auf, dann verleiht die Bank meist nicht das Geld von der reichen Oma nebenan (also die Einlagen von Sparern). Stattdessen wird das Geld für diesen Kredit in der Hauptsache aus dem Nichts erschaffen und zwar genau durch die Ausgabe des Kredites.

Dieser Fakt ist weitläufig unbekannt und deshalb möchte ich die Funktionsweise anhand eines simplen Beispiels erklären:

- Bank A vergibt einen Kredit von 500.000 EUR an Kunden B, damit sich dieser davon ein Haus kaufen kann.
- Bank A besorgt sich das Geld dafür entweder:
    1. bei seinen eigenen Einlagen
    2. von einer anderen Bank, die gerade zu viele Einlagen hat
    3. oder direkt von der Zentralbank
- Typischerweise würde man denken, dass Option 1 für die Bank am wichtigsten ist – also sie das Geld ihrer eigenen Sparer verleiht. In der Realität halten die Banken aber die Einlagen ihrer eigenen Sparer so gut wie gar nicht vorrätig. Stattdessen wird jede Einlage mehr oder weniger direkt im Interbankenmarkt verkauft bzw. verliehen. Damit ist Option 2 normalerweise die wichtigste Quelle von Geld für alle Banken.
- Die Banken leihen sich also untereinander ständig Geld. Der Trick dabei ist, dass das Geld aus einem Kredit nicht

die ganze Zeit von den Banken vorgehalten werden muss. Die 500.000 EUR aus dem obigen Beispiel werden natürlich auf das Konto des Kunden A überwiesen. Dieser überweist es vermutlich an den Hausbauer C bei Bank D. Bank D wiederum nutzt diese neue Einlage und verleiht sie an Bank E, die sie wiederum für einen neuen Kredit an Kunden F nutzt. Der bezahlt wiederum Hausbauer G usw. – Das Spiel geht wieder von vorne los. Wir sehen also, dass die gleichen 500.000 EUR mehrmals (!) verliehen wurden (bevor der alte Kredit zurückgezahlt wurde) wodurch effektiv neues Geld geschaffen wurde. Durch wiederholtes Verleihen erschaffen Banken neues Geld für die Realwirtschaft. Je schneller die erneute Ausgabe von neuen Krediten, desto mehr Geld wird effektiv neu geschaffen.

- Da jede Bank einen kleinen Teil ihrer Kreditsumme bei der Zentralbank als Sicherheit hinterlegen muss, kann das Spiel nicht ewig weitergehen. Aber das ist hierbei ohnehin sekundär. Der Punkt ist, dass primär Banken über Höhe und Häufigkeit von Kreditvergaben und damit über die effektive Geldmenge in der Realwirtschaft bestimmen. Die Zentralbank hat über den Leitzins (zu dem sich Banken Geld bei der Zentralbank leihen können) nur einen mittelbaren Einfluss.

Wie wir gesehen haben, wird die Geldmenge auch durch das normale, tägliche Kreditgeschäft ständig in der Realwirtschaft verändert. Mehr Kredite bedeuten mehr Geld im Umlauf. Wenn Kredite zurückgezahlt werden, wird das Geld auch wieder vernichtet (indem es im Rahmen einer Bilanzverkürzung aus der Bilanz der Sparkasse fliegt). Wenn sich nun ständig die Geldmenge verändert – warum haben wir dann stabile Preise? Das liegt schlicht daran, dass sich die Preise nur dann ändern, wenn in der Wirtschaft Angebot und Nachfrage nicht im Gleichgewicht sind. Wird also mit dem zusätzlichen Geld eine zusätzliche Wirtschaftsaktivität bezahlt (z.B. Hausbau und Hausnachfrage), dann führt dies nicht zu geänderten Preisen. Nachfrage und Angebot bleiben im Gleichgewicht. Inflation entsteht nur, wenn zusätzliche Nachfrage entsteht, der kein zusätzliches Angebot gegenübersteht und dadurch die Preise steigen. Gut zu beobachten ist dies an den Champagner-Preisen in Nizza und anderen „Hotspots". Der Platz am Nikki-Beach ist eben begrenzt und deshalb ist der Preis von einer Flasche Champagner auf über 10.000 EUR gestiegen.

Es hängt also von den Umständen ob, ob durch frisches Geld Inflation entsteht oder nicht. Befindet man sich in einer Rezession und es herrscht Deflation, macht es Sinn frisches Geld „zu drucken" (bzw. über Kreditvergabe zu schaffen). Liegt ohnehin Inflationsdruck vor, dann nicht. Durch die Veränderung der Geldmenge allein entsteht nicht zwangsläufig Inflation. Wer es noch genauer wissen will, dem empfehle ich mein Buch „Game of Life: What if Game Designers ruled the world (2014)", in dem ich im Kapitel über Monetarisierung das Geldsystem noch ausführlicher erkläre[17].

Mit diesem Verständnis als Rüstzeug können wir auch verstehen wann es Sinn macht Staatsschulden von der EZB übernehmen zu lassen – und zwar genau dann, wenn durch die Übernahme der Schulden keine zusätzliche Nachfrage entsteht. Dann entsteht auch keine Inflationsgefahr. Im Fall Griechenlands ist das der Fall. Im Gegenteil: Es ist unter Berücksichtigung der Nachfragesituation sogar sinnvoll die Schulden zu übernehmen. Griechenland ist ja schon in einer Rezession mit Deflation und das Bestehen auf einer Rückzahlung der Schulden würde die

---

[17] Auch gut ist das folgende Video hier: https://www.youtube.com/watch?t=1627&v=PHeObXAIuk0. Es vereinfacht die Wirtschaft auf seinen Transaktionenteil (und vernachlässigt Produktion) aber zumindest der Teil über den Zusammenhang zwischen Geldmenge, Inflation & Schulden ist gut erklärt.

gesamtwirtschaftliche Nachfrage weiter senken und entsprechend Deflation und Rezession verstärken.

Neben dem Thema der Inflation gibt es noch weitere gute Gründe, warum wir nicht einfach alle Schulden von der EZB bezahlen lassen können und alle in monetär finanzierten Saus und Braus leben können. Würde man direkt alle staatlichen Ausgaben mit frisch geschöpftem Geld finanzieren, würde dem Geld seine „Knappheit" genommen und damit das Grundprinzip der Marktwirtschaft ausgehebelt. Das Tolle an der Marktwirtschaft ist, dass kein König, Bürokrat oder Präsident entscheidet, was gebaut wird. Sondern die Bürger selber, indem sie Güter nachfragen und damit die Preise beeinflussen und über die Preise den Anbietern sagen, welche Produkte und Dienstleistungen diese herstellen sollten. Preisänderungen zwischen Gütern sollen von den Anbietern als Hinweise verstanden werden können, was gerade von der Bevölkerung gewünscht wird und was nicht. Stünde durch die EZB unbegrenzt Geld zur Verfügung, würde diese „Knappheit" des Geldes aufgehoben und damit würden wir auch die Marktwirtschaft aufgeben. Der Staat, der über die Gelder der EZB verfügt, würde wieder entscheiden was hergestellt und was nicht ... und wie wir aus den Erfahrungen des Kommunismus oder auch von Monarchien wissen ist das keine gute Idee. Es ist also wichtig, dass die Knappheit des Geldes erhalten bleibt, damit der Marktmechanismus funktioniert. Im Fall Griechenlands wäre dies gegeben: Selbst bei einem Schuldenschnitt wird das Geld in Griechenland knapp bleiben und der Preismechanismus bliebe intakt.

Wir brauchen also im Umgang mit den Schulden ein System, was die Knappheit des Geldes erhält aber gleichzeitig verhindert, dass die normale Bevölkerung unnötig leidet, wenn etwas schief läuft. Ich möchte ein solches System hier kurz skizzieren:

- Jeder Staat sollte sich möglichst nur in seiner eigenen Währung verschulden, damit er notfalls mit einer

Zentralbank arbeiten kann, die primär das Wohl des eigenen Staates im Sinn hat. Der zweitbeste Fall ist immer noch eine Zentralbank wie die EZB, die durchaus noch ein starkes Interesse am Wohlergehen Griechenlands hat, da Griechenland immerhin Teil des Staatenbundes ist.

- Der Staat darf keinen direkten Zugriff auf die Zentralbank haben, weil sonst die Gefahr von direkter Staatsfinanzierung droht. Damit entstünde Inflation und ein Ende der Knappheit des Geldes sowie seines gewünschten Steuerungsmechanismus über den Preis. Wir brauchen also eine unabhängige Zentralbank. Die Zentralbank sollte allerdings nicht nur „Inflationsziele" verfolgen, sondern allgemein das wirtschaftliche Wohlergehen seiner Bürger.

- Der Staat verschuldet sich möglichst nur für investive langfristige Projekte wie Infrastruktur und Bildung. eine Schuldenbremse kann gesetzlich festgeschrieben werden aber realistisch gesehen wird sowas im Notfall immer ignoriert von der jeweiligen Regierung. Eine Schuldenbremse ist also keine wirkliche Lösung

- Der Staat verschuldet sich nicht direkt bei der Zentralbank sondern immer bei privaten Banken wie jetzt auch. Die Banken haben die wichtige Aufgabe, die „Kreditwürdigkeit" des Staates festzustellen und verlangen daher bei höherer Ausfallwahrscheinlichkeit höhere Zinsen

- Überschuldet sich der Staat, kommt es zu einer (Teil-) Insolvenz und damit zu einem Schuldenschnitt auf Beschluss der demokratisch gewählten Regierung. Es ist das Risiko der Banken, die Situation richtig einzuschätzen. Die Banken lassen sich dieses Risiko über die Zinsen bezahlen.

- Haben die Banken sich übernommen, wären sie bei einer Insolvenz des Staates ebenfalls insolvent. Übernimmt die Zentralbank mit frisch gedrucktem Geld die Banken – d.h.

die privaten Eigentümer verlieren ihr Geld. Die Zentralbank übernimmt das Kommando und erhält den Betrieb aufrecht mit frisch geschaffenem Geld. Nach der Krise verkauft die Zentralbank die Banken wieder an (neue) Privateigentümer.

Auf diesem Wege findet keine direkte Staatsfinanzierung durch die Zentralbank statt. Sondern sind immer Banken dazwischengeschaltet, die an dem Risiko verdienen aber auch für Ihr Risiko haften. Die Banken sorgen also dafür, dass der Staat nicht übermäßig Geld aufnehmen kann und der Preismechanismus des Geldes erhalten bleibt. Kommt es dennoch zu einer Überschuldung, leidet darunter nicht die normale Bevölkerung, sondern primär diejenigen, die zuvor auch Geld mit dem Kredit gemacht haben.

Der Grund für die aktuelle Krise in Griechenland und anderswo ist schlicht, dass von diesen grundsätzlichen marktwirtschaftlichen Prinzipien abgewichen wurde und eigentlich alles falsch gemacht wurde:

- Griechenland hat sich überschuldet, weil die Banken einen schlechten Job gemacht haben und zu lange Geld zu günstigen Krediten angeboten haben. Vermutlich auch, weil Sie angenommen haben, dass die EU schon keine Insolvenz zulassen würde.
- Die Banken konnten tatsächlich die EU überzeugen die Schulden zu übernehmen. Die Banken wurden für das übermäßig eingegangene Risiko nicht wirklich bestraft.
- Die EU lässt die griechischen Bürger dafür bluten, dass sie die Schulden nicht zurückzahlen können. Die Sparmaßnahmen, die niemals zum Erfolg führen werden, sondern im Gegenteil Rezession und Deflation verstärken, schaden der griechischen Bevölkerung.
- Das einzig Positive ist, dass die EU neben den (weitgehend unsinnigen) finanziellen Sparmaßnahmen

auch zu strukturellen Reformen zwingt, die z.B. zu einer geringeren Korruption und Ineffizienz führen – Das ist sicherlich gut und sinnvoll.

- Noch besser wäre es allerdings, diese Forderung nach Strukturreformen nicht an die Bedingung der Ausgabenkürzungen zu knüpfen, sondern an eine Entschuldung durch die EZB.

Noch einmal: Wenn man via EZB Griechenland entschuldet, verliert niemand Geld, da die EZB das Geld ja frisch erschafft. Es entsteht auch keine Inflation für die Allgemeinheit, weil ja keine zusätzliche Nachfrage entsteht – Es wird, im Gegenteil, eine Depression verhindert. Warum sollte man das nicht machen? Wenn man sich danach wieder an das oben skizzierte System zur Aufnahme von Staatsschulden hält, gibt es auch zukünftig keine Anreizprobleme. Auch gibt es keine Anreize für andere Länder sich „schlecht" zu verhalten.

Ein Schuldenschnitt bedeutet immer, dass Ressourcen nicht nachhaltig alloziert wurden, Marktakteuren Fehler gemacht haben und/oder Marktversagen vorliegt. Der primäre Sinn des Geldes ist es über die Preise dafür zu sorgen, wie die Ressourcen einer Wirtschaft (Arbeit & Kapital) verwendet werden. Wenn ein Land zu viele Schulden aufnehmen konnte, hat der Preis des Geldes offensichtlich nicht gestimmt. Der wahre Schaden bei einem Schuldenschnitt liegt nicht in der Gegenwart, wenn buchhalterisch Zahlen abgeschrieben werden, sondern in der Vergangenheit, weil realwirtschaftliche Ressourcen nicht optimal alloziert wurden. Deshalb müssen wir versuchen das System so zu optimieren, dass wir möglichst nicht in eine solche Situation kommen. Wenn die Fehler dennoch auftreten, sollte man versuchen die Verantwortlichen das Risiko tragen zu lassen und die Bevölkerung möglichst zu schonen.

5.4 Umstellung des Steuersystems

Idealerweise tritt die Situation eines Schuldenschnitts nicht auf und der Staat kann seine Aufgaben auch ohne die Aufnahme von immer neuen Schulden finanzieren. Deshalb kommt diesem Abschnitt eine besondere Bedeutung zu. Wie ich im Kapitel zur wirtschaftlichen Lage argumentiert habe, geht es Europa grundsätzlich sehr gut. Das Problem ist nicht die Größe des Kuchens sondern die angemessene Beteiligung der Bevölkerung an dem Kuchen. Der Staat ist das wichtigste Instrument der Bevölkerung zur Organisation dieser Beteiligung. Deshalb ist es entscheidend, inwiefern es dem Staat gelingt seinen Anteil an dem erzeugten Kuchen zu bekommen – möglichst ohne die Erstellung/Produktion des Kuchens zu behindern.

Typischerweise sind die Haupteinnahmen des Staates die allseits „beliebten" Steuern. Dies funktioniert in vielen Bereichen auch relativ gut, führt zu großen Einnahmen und ermöglicht die Finanzierung der Aufgaben des Staates wie Infrastruktur, Sicherheit etc.

Durch die Globalisierung und zunehmende Internationalisierung des Steuersystems passiert es aber immer häufiger, dass Firmen mit Konstruktionen wie das Double-Dutch-Irish-Sandwich[18] die Gewinne in Länder mit niedrigen Steuersätzen verlagern und so das Zahlen von Steuern gezielt vermeiden. Grundsätzlich funktioniert das ganz einfach, indem Unternehmen innerhalb des Konzerns die Transferpreise so ansetzen, dass die Gewinne in dem Land anfallen wo praktisch keine Steuern gezahlt werden müssen. Für Europa liegen mir leider keine Zahlen vor, aber in den USA schätzt man, dass große Konzerne ca. 500 Mrd. USD nicht in den USA versteuert haben - bei einer Kapitalertragssteuer von 25% macht das ein Steuerverlust von 125 Mrd. USD. Selbst für die USA ist das nicht unerheblich. Jeder weiß das – Warum wird nichts dagegen unternommen?

---

[18] http://de.wikipedia.org/wiki/Double_Irish_With_a_Dutch_Sandwich

In der Realität ist es zu schwierig ist die „echten" Transferpreise zu bestimmen. Zu welchen Preisen eine Firma verkauft gehört zu den wichtigsten Entscheidungen einer Firma. Sicherlich könnte das Problem mit schlauerer Regulierung eingedämmt werden. Man hat damit auch schon angefangen – aber ganz lösen wird man das Problem mit den klassischen Methoden nie können. Die Eigentümer der Firmen werden immer nach Methoden suchen die Steuergesetzgebung zu umgehen und solange es keine Weltregierung gibt werden sich bei Steuern die Länder auch immer gegenseitig ausspielen lassen. Schließlich hat jedes Land einen Vorteil davon, wenn es eine klein wenig niedrigere Steuer als das Nachbarland hat. Genau wie Österreich oder die Schweiz mit reichen Individuen die Steuern individuell aushandeln, machen das Länder wie Irland oder Luxemburg neuerdings auch mit Firmen. Zum Beispiel Luxemburg mit Amazon einen Steuersatz von 1% (!) vereinbart. Das führt natürlich nicht nur zu geringeren Einnahmen, es führt auch zu Ungerechtigkeiten gegenüber den Firmen, die ihre Steuern in Ihren Ländern voll zahlen.

Die hier skizzierten zunehmenden Schwierigkeiten des Staates Steuern zu erheben, sieht man auch an der Abnahme des Anteils der Unternehmenssteuern am Gesamtsteueraufkommen:

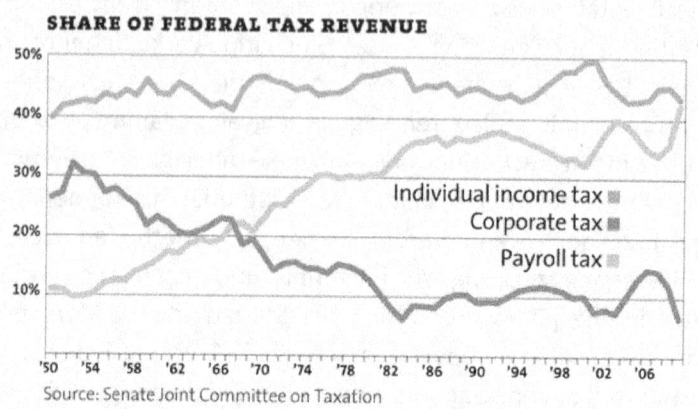

SHARE OF FEDERAL TAX REVENUE

Individual income tax
Corporate tax
Payroll tax

Source: Senate Joint Committee on Taxation

15   http://www.quora.com/Economic-Inequality/If-the-wealthiest-1-of-
Americans-shouldnt-own-40-of-the-countrys-financial-wealth-what-is-a-more-
appropriate-breakdown

Wenn die globalisierten Firmen bei Steuern am strukturell längeren Hebel sitzen - wie lösen wir das Problem? Wir müssen etwas finden, bei dem die Firmen nicht ausweichen können, den Staat trotzdem an den Einnahmen beteiligen und gleichzeitig nicht die Zukunftserwartungen der Firmen nicht beeinträchtigt werden. Glücklicherweise hat der Kapitalismus ein solches Konstrukt schon erfunden: Eigentum.

Bei fast jeder größeren Firma gibt es sogenannte stille Teilhaber, die der Firma nicht ins operative Geschäft reden, aber trotzdem an den Gewinnen der Firma partizipieren. Diesen Teilhabern ist es z.B. egal, in welchem Land die Firma aus steuerlichen Gründen ihr Hauptquartier eröffne. Was für sie zählt ist: Ist die Firma erfolgreich, sind sie es auch. Firma und Eigentümer sitzen im gleichen Boot und das sollte auch der Staat, um nicht nachträglich via Steuern um eine Beteiligung „betteln" zu müssen. Via Eigentum hat er einen Rechtsanspruch auf seinen Anteil egal wie und wo der Profit erwirtschaftet wurde. Die Firmen können damit die Länder nicht mehr gegenseitig ausspielen.

Ein weiterer toller Nebeneffekt wäre, dass der Staat bei gleichen Gesamteinnahmen weniger „reguläre" Steuern von den Unternehmen nehmen müsste. Er könnte also seine „traditionellen" Steuern senken und so im internationalen Steuerwettbewerb gewinnen. Der Staat, der zuerst auf ein solches „Eigentumssteuermodell" umschwenkt, der gewinnt. Es gibt einen klaren First-Mover-Advantage.

Ich möchte an dieser Stelle noch einmal betonen, dass es mir hier nicht darum geht, Staaten zum Unternehmer zu machen. Staaten haben davon keine Ahnung und sind ganz schreckliche Unternehmer. Aber wenn der Staat ein stiller Teilhaber ist ohne operativen Einfluss, dann ist er auch kein Unternehmer.

Schön und gut: Es wäre toll, wäre der Staat direkt und gleichberechtigt an den Gewinnen der Firmen beteiligt und müsste nicht über den Umweg der Steuern versuchen, seinen Teil abzubekommen. Doch wie wird der Staat stiller Teilhaber von Firmen? Sollen wir etwa alle Firmen zwangsenteignen? Den Kommunismus doch einführen?

Nein – auch hier gibt es eine einfache und graduelle Lösung, die nebenbei noch weitere Probleme löst: Den Erbschaftsfall:

Es kann nicht im Sinne der Gerechtigkeit oder einer Leistungsgesellschaft sein, dass Nachkommen über Generationen hinweg reich bleiben, nur weil vor ein paar hundert Jahren einer ihrer Vorfahren mal einen guten Job gemacht hat. Deshalb ist die Erbschaftssteuer nicht nur sinnvoll, sondern auch moralisch eine gute Idee. Beim Übergang des Vermögens von einer Generation auf die nächste bekommt die Gesellschaft ihren Anteil ab.

Wenn Erbschaftssteuer so toll ist, warum wird sie nicht schon längst genutzt? Der Grund ist, dass Erbschaftssteuern derzeit in Geld entrichtet werden müssen. Ist das Vermögen einer Firma Betriebsvermögen, muss eventuell die Firma liquidiert bzw. zerschlagen werden um die Steuern bezahlen zu können.

Natürlich hat der Staat kein Interesse daran, die Firmen zu zerstückeln, weswegen es eine Reihe von Ausnahmenregelungen gibt, die am Ende des Tages aber wieder dazu führen, dass Betriebsvermögen so gut wie gar nicht besteuert werden.

Würde der Staat allerdings nicht auf „Geld" bestehen, und würde er stattdessen einfach stiller Teilhaber dieser Betriebe, wäre dies kein Problem. Die bisherigen Eigentümer könnten die Firmen normal weiterführen – sie müssten lediglich einen Teil der Gewinne an den Staat abführen. Der Staat hätte als stiller Teilhaber keinerlei Mitspracherecht im operativen Geschäft, lediglich einen Anspruch auf den Teil des Gewinns.

In einer öffentlichen Diskussion würde jetzt vermutlich das Argument aufgeführt, dass die bisherigen Eigentümer demotiviert seien, wenn Sie einen Teil ihrer Firmen abgeben müssten. Die tägliche Praxis beweist jedoch das Gegenteil. Die meisten Firmen werden von angestellten Geschäftsführern geleitet, die bestenfalls nur einige Prozent der Firma besitzen. Niemand braucht 100% Eigentum, um motiviert zu sein seine Firma vernünftig zu führen.

Dieses System der Eigentum-Erbschaftsteuer funktioniert übrigens auch bei Privatbesitz wie dem klassisch „geerbten Häuschen von der Oma". Eine zu hohe Erbschaftssteuer in Cash würde dazu führen, dass viele Erben womöglich das Haus verkaufen oder das Haus umständlich mit einem Kredit belasten müsste, um das Erbe zu bezahlen. Wenn allerdings der Staat x% anteilig am Haus erben könnte (ohne Mitspracherecht), dann könnte der Erbe einfach entscheiden, ob er diesen Anteil zu einem üblichen Marktpreis zurückkaufen will (analog zur alten Erbschaftssteuer) oder ob er einfach eine anteilige Miete an den Staat zahlen will. Es würde eine ortsübliche Miete pro qm angenommen und davon würden x% an den Staat gehen. So könnte der Erbe gegen eine sehr geringe Miete und ohne Kredite im Haus wohnen bleiben und der Staat würde trotzdem an seinen Anteil kommen.

Das Modell der Eigentumssteuern funktioniert nur, wenn die Steuerpflicht an die Staatsbürgerschaft der Eigentümer geknüpft wird – d.h. selbst, wenn der Firmensitz ins Ausland verlagert würde, bestünde die Steuerpflicht fort. Bürger eines Landes dürften unter keinen Umständen Ihre Staatsbürgerschaft abgeben können, um Steuerflucht zu vermeiden.

Insgesamt würde mit Hilfe dieses Ansatzes die Einnahmesituation des Staates verbessert, mehr Steuergerechtigkeit zwischen Firmen hergestellt und gleichzeitig mehr Leistungsanreize für Kinder aus reichem Hause schaffen. Win. Win. Win.

Alles schön und gut aber über welche Beträge reden wir hier? Gucken wir uns das Ganze am Beispiel von Deutschland an:

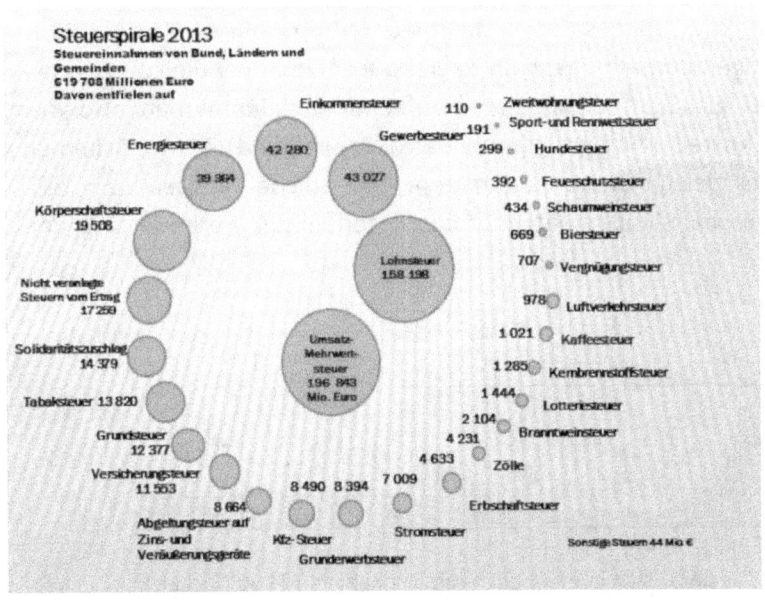

16   „Steuerspirale   2013"   von   ViktoriyaBeck   -
https://commons.wikimedia.org/w/index.php?title=File:Steuerspirale_2013.pdf

Insgesamt nimmt der Staat also ca. 500 Mrd. EUR[19] ein und der größte Anteil dabei ist die Umsatzsteuer.

Seit 2007 gibt es keine Vermögenssteuer mehr und auch die Erbschaftssteuer bringt derzeit nur ca 4-5 Mrd. EUR pro Jahr - also nur knapp 1% des Gesamtsteueraufkommens. Lohnt es sich also gar nicht über die Erbschafsteuer zu sprechen? Wird in Deutschland gar nicht so viel vererbt?

Doch, wird es! Nach Schätzungen[20] werden jedes Jahr ungefähr 250 Mrd. EUR von den Deutschen vererbt[21]. Der Grund für das niedrigere Steueraufkommen liegt in den vielen Ausnahmenregelungen für Betriebsvermögen und den hohen Freibeträgen für Privatbesitz begründet. Die effektive Steuerlast im Erbschaftsfall liegt derzeit also nur bei ca. 2%.

Würde der Erbfall aber statt mit effektiv 2% zum Beispiel mit effektiv 30% besteuern, dann würden pro Jahr ca. 75 Mrd. EUR eingenommen - fast halb so viel wie derzeit über die Lohnsteuer. Bei gleichem Gesamtsteueraufkommen könnte man also die Lohnsteuer halbieren (mehr netto für alle!) und hätte noch immer das gleiche Steueraufkommen. Eine solche Umgestaltung der Erbschaftssteuer hat enormes Potential zur Verbesserung der

---

[19] http://de.wikipedia.org/wiki/Steueraufkommen_%28Deutschland%29
[20] http://www.spiegel.de/wirtschaft/soziales/erbschaft-und-vermoegensteuer-julia-friedrich-ueber-die-last-mit-dem-erbe-a-1023477.html
[21] Das deckt sich in etwa auch mit der Zahl von 8000 Mrd EUR Gesamtvermögen der Deutschen (nimmt man an, dass es nicht gleichverteilt ist sollte man 8000/30 teilen (nicht 70 weil die alten ja die Kohle haben) dann kommt man auch in etwa auf den Betrag.

Einnahmesituation und zu einer Verbesserung des Gini-Koeffizienten[22].

Ähnlich gut sieht es mit den Gewinn-Anteilen aus. 2012 haben zum Beispiel allein die Dax 30 Konzerne zusammen 100 Mrd. EUR Betriebsgewinn gemacht[23]. Hielte der Staat via Erbschaft 30% der Anteile würde, dann würde er davon ebenfalls 30 Mrd. EUR Anteil einnehmen[24]. Er könnte allein durch die Einnahmen von den Dax 30 Konzernen komplett auf die Gewerbesteuer oder Körperschaftssteuer verzichten und dadurch international viel wettbewerbsfähiger werden.

Es bleibt die Frage, was der Staat mit seinen Anteilen machen sollte, die er im Erbschaftsfall als stiller Teilhaber erhält. Nach mehreren Generationen würde er von Firmen große Anteile halten. Es ist nicht so ganz klar, was hier der optimale Maximalanteil ist, den der Staat halten sollte. Es sind sicher weniger als 100% - schließlich soll es sich ja weiter für die privaten Eigentümer lohnen, unternehmerisch tätig zu sein. Es werden also ähnliche Regeln gelten wie für Venture-Kapitalgeber. Je jünger das Unternehmen, desto mehr Anteile müssen bei den Gründern liegen. Ist das Unternehmen reif und groß, z.B. Siemens, dann ist es vermutlich sinnvoll, wenn die privaten Eigentümer nur noch 10-30% halten. Das muss man also sehen wo sich das sinnvoll einpendelt. Das schöne ist, dass das auch jederzeit leicht angepasst werden kann. Die Anteile des Staates können ja leicht verkauft werden und damit wieder zu (stimmberechtigten) privaten Anteilen werden.

---

[22] Der Gini Koeffizient beschreibt die Ungleichheit in einer Gesellschaft
[23] http://www.faz.net/aktuell/wirtschaft/realwirtschaft-auf-rekordfahrt-dax-konzerne-erhoehen-gewinn-auf-mehr-als-100-milliarden-euro-11692876.html
[24] Bei der zugegeben etwas optimistischen Annahme, dass die Gewinne vollständig an die Aktionäre/Eigentümer ausgeschüttet werden

Eine weitere Idee wäre die Anteile zum Teil bevorzugt an Mitarbeitergruppen bzw. die Arbeitnehmervertretung zu verkaufen. So könnte man noch eine größere Identifikation der Mitarbeiter mit den Unternehmen erreichen. Arbeitgeber und Arbeitnehmer würden am gleichen Strang ziehen.

Trotzdem ist eine solche Erbschaftsbesteuerung schon ein Paradigmenwechsel, da zum ersten Mal im großen Stil Vermögen besteuert würde und nicht nur Einkommen – allerdings nur im Todesfall. Ich halte dies allerdings für positiv, da dadurch ein weiteres Problem gelöst würde: Geld hat nämlich die Eigenschaft, dass es umso leichter wird mehr davon zu bekommen, wenn man schon viel besitzt hat. Es hat sozusagen einen zunehmenden Grenzerztrag. Oder anders ausgedrückt: Die erste Million ist die schwerste. Das ist einer der Gründe für die zunehmende Ungleichheit in der Gesellschaft. Mit einer echten Erbschaftssteuer hat man endlich ein Instrument dem entgegenzuwirken und wieder für ein „level playing field" zu sorgen.

Insgesamt würde es eine solche Eigentums-Erbschaftsbesteuerung ermöglichen, die Steuerlast so zu verschieben, dass Firmen und Privatpersonen weniger Möglichkeiten haben ihre Steuerlast zu „gestalten". Die Länder stehen weniger im Wettbewerb zueinander hinsichtlich ihrer Steuern. Würde die Steuerlast ans Eigentum und das Eigentum an die Staatsbürgerschaft geknüpft, kämen die Staaten in einen Wettbewerb, ihre Bürger bestmöglich auszubilden, damit sie im Erbschaftsfall daran verdienen können. Wäre das nicht schön?

Zusammenfassung

- Geld hat keinen Wert an sich, sondern ist nur ein Hilfsmittel, um die „realen" Ressourcen Arbeit und Ressourcen/Kapital effektiv zu allokieren.

- Zu hohe Staatsverschuldung ist primär ein Ausdruck davon, dass in der Vergangenheit Ressourcen nicht optimal eingesetzt wurden. Diese Fehler der Vergangenheit sollten nicht verhindern, dass man zukünftig bessere Entscheidungen trifft. Unter bestimmten Umständen kann es deshalb als Staat Sinn machen im Rahmen eines geregelten Verfahrens die Schulden von der Zentralbank übernehmen zu lassen, anstatt sie über Jahrzehnte mit großen Schmerzen für die Bevölkerung abzuzahlen.

- Traditionelle Antworten auf Staatsverschuldung – die Verringerung der Ausgaben und der Versuch über die Erleichterung der Kreditaufnahme Wachstum zu erzeugen – sind sinnvoll aber nur begrenzt wirksam.

- Das Steuersystem sollte auf eine Erbschaftssteuer mit stillen Beteiligungen umgestellt werden, da eine solche Steuer sehr ertragreich sein kann, ihr sehr schwierig ausgewichen werden kann und sie keine Verzerreffekte auf handelnde/lebende Personen hat.

Lösung: Demokratische Marktwirtschaft

6.1 Die Grundidee

Nachdem wir die letzten fünf Probleme betrachtet haben, können wir nun endlich zur Skizzierung der Weiterentwicklung unseres Gesellschaftssystems kommen, die ich „Demokratische Marktwirtschaft" nenne. Dabei geht es darum, auf den Stärken des aktuellen Systems aufzubauen und die Nachteile zu minimieren.

Nochmal: Der Kapitalismus westlicher Prägung war in den letzten Jahrhunderten sehr erfolgreich. Wie ich im Kapitel zur wirtschaftlichen Lage gezeigt habe, wurde in der Summe das Knappheitsproblem bereits gelöst. Es ist genug Kuchen für alle da. Mit zunehmender Automatisierung und Digitalisierung wird es auch zukünftig immer einfacher werden die benötigten „knappen" Güter und Dienstleistungen zu produzieren. Das dominante Problem des 21. Jahrhunderts ist also nicht mehr Knappheit sondern die Schaffung einer Umgebung, in der technologischer Fortschritt weiter blühen kann bei sozialem Frieden und bestmöglicher Wohlfahrt für die Bevölkerung.

Die dominante Frage im 18.,19. und 20. Jahrhundert war folgende: „Wie kann ich bei knappen Ressourcen möglichst effizient genug von den Produkten und Dienstleistungen produzieren, um die Bedürfnisse der Bevölkerung zu befriedigen?"

Die Frage des 21. Jahrhundert ist nun: „Wie kann ich ein Gesellschaftssystem schaffen, in dem die ausreichend vorhandenen Produkte und Dienstleistungen zur Optimierung der Wohlfahrt der Bevölkerung eingesetzt werden, ohne dabei langfristig genau die Mechanismen und Anreize zu zerstören, die uns in diese komfortable Situation gebracht haben?"

In gewisser Weise wandern wir als Gesellschaft eine Stufe nach oben auf der Maslowschen Bedürfnispyramide:

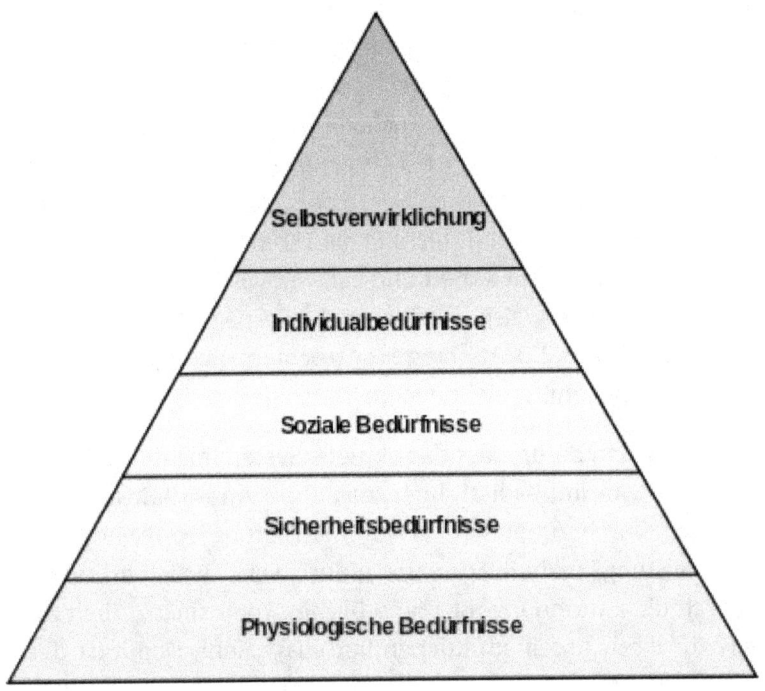

17 http://de.wikipedia.org/wiki/Maslowsche_Bed%C3%BCrfnishierarchie

Der Kapitalismus aktueller Prägung war und ist sehr hilfreich die Individualbedürfnisse zu befriedigen – also uns reicher, schneller toller zu machen. Leider hat der derzeitige Ansatz aber auch negative Auswirkungen auf die sozialen Bedürfnisse der Menschen, die immer deutlicher werden. Die Gesellschaft streibt mehr und mehr zur obersten Stufe der Maslowschen Bedürfnispyramide – zur Selbstverwirklichung. Wir brauchen ein Gesellschaftssystem, das die Individualbedürfnisse nicht aufgibt, besser für unsere sozialen Bedürfnisse sorgt und uns gleichzeitig mehr Freiraum zur Selbstverwirklichung schafft.

Das klingt nach Gutmenschentum und es klingt in der Tat sehr ungewohnt, dass der Kampf zur Beseitigung der Knappheit plötzlich vorbei sein soll. Es wäre auch ein Missverständnis, dass wir die Knappheit soweit beseitigt hätten, dass wir jetzt alle aufhören können zu arbeiten und uns nur noch um unsere Mitmenschen und unsere Selbstverwirklichung kümmern können. Leider ist dies nicht der Fall, auch wenn wir selbst bei gegenwärtigem Arbeitseinsatz und bei gegenwärtiger Technologie schon genug „Kuchen" herstellen, das es bei entsprechender Verteilung mehr als genug für alle in Deutschland bzw. in Europa gäbe. Die Herausforderung ist, bei einer Neuordnung der Wirtschaft nicht in die „Kommunismus-Falle" zu tappen. Die Anreize zur Arbeit und zur Innovation müssen intakt bleiben bzw. idealerweise noch verstärkt werden. Ein „weiter so" oder „Kapitalismus 2.0" kann es aber trotzdem nicht geben, denn das aktuelle System ist nicht nachhaltig[25].

Der Hauptgrund dafür, dass das aktuelle System nicht nachhaltig ist, haben wir im Kapital über das Problem Arbeitslosigkeit diskutiert. Durch zunehmende Automatisierung wird vermehrt „keine Leistung" mehr in Form von menschlicher Arbeit erbracht, wodurch die Entlohnung für menschliche Arbeit sinkt. Arbeit als Proxy für ihren Anteil am Kuchen hat ausgedient. Damit ist der Kreislauf der Wirtschaft in Gefahr – wo keine Nachfrage da auch kein Konsum. Wo kein Konsum und keine Teilhabe an der Gesellschaft, da auch kein sozialer Friede. Wo kein sozialer Friede, da kein technischer Fortschritt.

Wir brauchen also etwas Neues. Wir brauchen statt der „Arbeit" einen neuen Verteilungsschlüssel, nach dem der Kuchen der Gesellschaft verteilt werden kann. Dabei dürfen wir nicht Fehler analog des Kommunismus machen und jegliche Eigeninitiative ersticken. Wir brauchen auch keine „Marktkonforme Demokratie"[26] sondern, im Gegenteil einen „Demokratischen Markt". Wir müssen die Regeln, nach denen der Markt funktioniert, wieder so ändern, dass dieser für das Volk arbeitet und das (ganze) Volk auch an seinen Erfolgen beteiligt ist.

---

[25] Siehe z.B. auch hier http://robertreich.org/post/113801138315
[26] Ala Merkel

Das Genie des Kapitalismus ist, dass er den Mensch so nimmt wie er ist und nicht versucht ihn zu verändern. Der Kapitalismus nutzt klare, kurzfristige Anreize (meist Geld), um die Menschen zu steuern. „Komm jeden Tag pünktlich zur Arbeit, leiste was, und dann bekommst Du Geld". Das hat super funktioniert. Der Kommunismus hingegen versucht die Menschen intrinsisch zu motivieren. „Wir packen alle mit an und dann geht es uns allen gleich gut". Dabei war er aber auf eine Änderung des Menschen angewiesen. Der Kommunismus will den Menschen erziehen - und zwar aus Einsicht und aus sich selbst heraus. So funktioniert der Mensch aber nicht. Er muss (leider) meist durch klare Regeln und kurzfristige Anreize extrinsisch „erzogen" werden. Ein bisschen ist es wie mit Kindern: Erst muss man das Schulkind „zwingen" das Gedicht zu lernen. Erst 10 Jahre später kann es dann vielleicht seine Schönheit begreifen.

Was sind also die Anforderungen an die neue Gesellschaftsordnung?

1. Der Markt muss mit seinen Anreizen weiter funktionieren. Die Grundlage unseres Wohlstands soll nicht zerstört werden, also kein Umverteilungskommunismus der den Markt zerstört und falsche Anreize entstehen lässt. „Arbeit muss sich weiterhin lohnen" wie die FDP sagen würde.

2. Zusätzlich entsteht eine zweite Säule: Für die mehr und mehr „arbeitsfreien" Bürger muss ein fairer und effizienter Beteiligungsmechanismus erfunden werden, der für soziale Wohlfahrt sorgt und gleichzeitig weiterhin Innovation und Kultur fördert.

Wie das beides gleichzeitig funktionieren kann, sehen wir in den folgenden Abschnitten über den neuen Beteiligungsschlüssel.

6.2 Der neue Beteiligungsschlüssel

Mit Ausnahme der Umgestaltung des Steuersystems (siehe vorheriges Kapitel, Stichwort Erbschaftssteuer) soll nach meinen Vorstellungen der Kapitalismus erhalten bleiben, weil er nach wie vor als Triebfeder für Innovation und Wohlstand gebraucht wird. Zusätzlich muss aber ein neuer Beteiligungsschlüssel gefunden werden, der die breite Bevölkerung dem Erfolg angemessen und mit den richtigen Anreizen beteiligt.

Die Ausgestaltung dieses Schlüssels ist entscheidend für den Erfolg des Systems, deshalb möchte ich dem ein eigenes Kapitel widmen. Mit zunehmenden Einnahmen aus stillen Beteiligungen durch die neue Erbschaftssteuer erreicht die Staatsquote ein hohes Maß, was ebenfalls die Gefahr birgt, das der Staat zu viel „Mikromanagement" betreibt. In Kapitel 5 hatten wir schon über das Konstrukt der stillen Beteiligung ausgeschlossen, dass er den Unternehmen ins operative Geschäft redet. Allerdings könnte der Staat trotzdem auf die Idee kommen über Ausgabenregelungen den Bürger zu „mikromanagen" und in die Freiheit des einzelnen einzugreifen. Dies gilt es zu verhindern. Andererseits darf man nicht der Illusion hingeben, dass das gegenwärtige System des Kapitalismus ein Hort der Freiheit ist. Gegenwärtig zwingt das System effektiv einen Großteil der Bevölkerung jeden Tag um 9 Uhr auf der Arbeit zu sein und dann völlig undemokratisch das zu machen, was der Chef sagt. Freiheit sieht anders aus.

Ich empfehle folgendes System als Beteiligungsschlüssel zur Berechnung des individuellen Bürgergeldes – zusätzlichen (und nicht verrechenbar) zum normalen Einkommen durch Arbeit selbstverständlich:

1. Belohnung zur Erlernung von Skills
2. Belohnung für „soziales Verhalten" via Reputation

Die Formel zur Berechnung des Bürgergeldes könnte also zum Beispiel so aussehen:

Bürgergeld = Grundgehalt + Bonusgehalt * (Fähigkeitsmultiplikator + Reputationsmultiplikator)

Die Gesamtausgaben des Bürgergeldes bestimmen sich aus den Einnahmen durch stille Beteiligungen + weitere Steuern des Staates (abzüglich anderer Ausgaben wie z.B. Polizei etc). Entsprechend kann dann das Grundgehalt festgesetzt werden. Jedem Bürger steht es natürlich frei weiterhin ganz normal zu arbeiten bzw. zu gründen. Das „alte System" läuft parallel weiter und ist dank gesunkener „traditioneller" Steuern effizienter als zuvor.

Das Grundgehalt liegt in etwa auf dem heutigen Hartz IV-Niveau und kann grundsätzlich nicht gekürzt werden. Sollte der Bürger durch sein Verhalten aber mehrfach beweisen, dass er mit seiner Freiheit nicht umgehen kann (z.b. weil er Alkoholiker ist oder seine Miete nicht bezahlt), kann das Grundgehalt in Sachleistungen umgewandelt werden (z.B. Miete, Lebensmittelgutscheine etc.).

Spannend wird es beim Bonusgehalt und den Multiplikatoren. Kommen wir zu den Multiplikatoren und fangen da mit dem Fähigkeitsmultiplikator an. Die genaue Ausgestaltung muss natürlich in einem demokratischen Prozess beschlossen werden – ich möchte aber dennoch ein Beispiel geben, damit man sich das ganze besser vorstellen kann:

Der Fähigkeitsmultiplikator (Beispiele):

- Startwert ist 0
- +0,3 Punkte gibt es für einen Hauptschulabschluss
- +0.4 Punkte gibt es für einen Realschulabschluss
- +0,5 Punkte gibt es für die Hochschulreife
- +0,5 Punkte für ein abgeschlossenes Studium
- +0,1 für eine zusätzliche Fremdsprache

- +0,1 für eine erlerntes Instrument
- + ...

Ein typischer Wert für den Fähigkeitsmultiplikator liegt also zwischen 1 und 2-3.

Allen Punkten ist gemein, dass es sich um darlegbare Fähigkeiten und Qualifikationen handelt, die durch Tests überprüfbar sind. Es ist kein staatliches Mikromanagement oder Überwachung des Privatlebens erforderlich. Fähigkeiten werden in Tests z.B. in Schulen oder in Unversitäten abgefragt. Hierfür reichen weitgehend vorhandene Institutionen aus. Was der Bürger anschließend mit diesen erworbenen Fähigkeiten macht, bleibt seine Sache.

Kommen wir zum zweiten Teil: Der Reputationsfaktor. Dieser Faktor schwankt im gegebenen Beispiel zwischen 0 und 2 und im Rahmen eines demokratischen Prozesses bestimmt. Mit dem Reputationsfaktor möchte ich „nettes" bzw. soziales Verhalten belohnen und damit z.B. die Möglichkeit geben, ehrenamtliches Engagement auch monetär zu belohnen.

Wie man genau „soziales" Verhalten messen kann ist mir noch ein wenig unklar. Hier sind trotzdem schon einmal zwei Ideen zur Bestimmung des Reputationsfaktors:

- Jeder Mensch hat X Stimmen (z.B. 20). Einmal im Monat gibt es eine freie und geheime Wahl in der man seine X Stimmen auf seine Mitmenschen verteilen darf. Es dürfen bis zu einer bestimmten Maximalzahl auch mehrere Stimmen an eine Person vergeben werden. Eine solche Situation belohnt langfristige soziale Bindungen – z.B. wird man tendenziell eher Familienangehörige und langjährige Freunde nominieren.
- Zusätzlich sollte man in das Reputationssystem auch spontane „Random Acts of Kindness" belohnen können. Hierunter fallen alltägliche Kleinigkeiten wie das Helfen

beim Tragen einer schweren Tasche. Hier sollte man „likes" verteilen können, die sich auch auf den finalen Reputationsscore auswirken. Statt einfach danke zu sagen, könnte man z.b. nach einem „Code" fragen. Diesem Code gibt man dann eins seiner „likes", die natürlich nur begrenzt zur Verfügung stehen (z.B: einer pro Tag pro Kopf).

Vermutlich macht es Sinn 80% über das langfristige orientierte Voting zu bestimmen und maximal 20% durch die eher kurzfristig orientierten „likes".

Kommen wir zu einem Beispiel der konkreten Zusammensetzung des Bürgergeldes anhand konkreter Werte. Die Formel lautet:

Bürgergeld = Grundgehalt + Bonusgehalt (* (Fähigkeitsmultiplikator + Reputationsmultiplikator)

Betrachten wie zwei Beispiele:

1. ein Anwalt, der auch noch in seinem Beruf tätig ist
2. ein Arbeitsloser ehemaliger Alkoholiker

Das Grundgehalt ist so niedrig, dass es konstant gehalten werden kann und sich ähnlich wie Hartz IV selten ändert. Nehmen wir es für dieses Rechenbeispiel in Höhe von 700 EUR an. Der Staat kennt sein zur Verfügung stehendes Budget für den aktuellen Monat, alle Multiplikatoren und kann damit das Bonusgehalt bestimmen. Nehmen wir in diesem Beispiel dafür 1000 EUR an. Das individuelle Bürgergeld liegt also an dem Fähigkeitsmultiplikator und Reputationsmultiplikator der Personen.

Der Anwalt aus Fall 1 erhält folgende Rechnung:

Er war am Gymnasium (+0,5), hat studiert (+0,5), kann 2 zusätzliche Fremdsprachen (+0,2) und ein Instrument (+0,1). Er hat also einen Fähigkeitsmultiplikator von insgesamt 1,3

Beim Reputationswert sieht es aber nicht so gut aus. Er ist geschieden und seine beiden Kinder reden nicht mehr mit ihm. Von ihnen erhält er also keine „Punkte". Einige Kollegen finden ihn aber nett und haben ihm Punkte gegeben. Er kommt also insgesamt nur auf 15 Reputationspunkte. Im Vergleich zu seinen Mitmenschen ist das relativ wenig, deshalb kommt er hier nur auf einen Reputationsfaktor von 0,3.

Insgesamt kommt er also auf einen Wert von 1,6. Damit ergibt sich ein Bürgergeld von 700 + 1000 (1,3 + 0,3) = 2300 EUR für den Anwalt. Zusätzlich arbeitet der Anwalt ja auch noch ganz normal in seiner Kanzlei und bekommt hierdurch 3000 EUR netto. Sein Gesamtverdienst beträgt also 5300 EUR netto.

Sehen wir uns als Gegenbeispiel den arbeitslosen ehemaligen Alkoholiker an. Er ist zur Realschule gegangen (+0.3) und hat sonst keine weiteren anrechenbaren Qualifikationen. Einen normalen Job hat er nicht, aber er hilft ehrenamtlich bei den Anonymen Alkoholikern aus und betreut als Mentor zahlreiche Schützlinge. Diese Schützlinge geben ihm viele Punkte und deshalb erreicht er einen Reputationswert im oberen Drittel – Er erreicht hier 1.7 (von 2) Punkten. Im Übrigen gilt für ihn natürlich das gleiche Grundgehalt und Bonusgehalt wie für den Anwalt. Als Gesamtverdienst ergibt sich also 700 + 1000 * (0,3 + 1,7) = 2700 EUR. Insgesamt kommt der ehemalige Alkoholiker also auf Einnahmen von 2700 EUR dank seiner Verdienste um seine Mitmenschen.

Noch einmal: Die konkreten Zahlen müssen im Rahmen eines demokratischen Prozesses angepasst werden. Es geht hier primär um ein Rechenbeispiel, um das grundsätzliche System besser zu verstehen. Die Höhe des Bürgergeldes hängt auch von den finanziellen Möglichkeiten des Staates ab. Man kann in das System erst mit kleinen Summen einsteigen und dann bei zunehmenden Erträgen aus der Erbschaftssteuer die Summen steigern.

Ich möchte an dieser Stelle auch noch einmal betonen, dass das Bürgergeld nicht die Aktivitäten auf dem freien Markt ersetzen soll. Ganz im Gegenteil: Es soll diese fördern. Im bisherigen System lohnt es sich für viele Menschen nicht arbeiten zu gehen, weil fast 100% ihres Verdienstes auf die Sozialausgaben angerechnet werden und sie so netto nicht mehr verdienen, selbst wenn Sie arbeiten gehen. Mit dem skizzierten Bürgergeld wäre das nicht der Fall. Zusätzlich würde vielen Menschen ermöglicht eine Tätigkeit aufzunehmen, die zwar sozial sehr sinnvoll sind aber nicht ausreichend vom Markt bezahlt wird – z.B. Fussballtrainer für eine Jugendmannschaft oder Künstler. Mehr dazu im nächsten Kapitel „Ausgleich von Marktversagen".

6.3. Ausgleich von Marktversagen

Ein Bürgergeld mit dem skizzierten Beteiligungsschlüssel bietet die Möglichkeit Marktversagen zu vermindern. Es würden Berufe besser entlohnt, die derzeit vom Markt nicht hinreichend honoriert werden, aber für das gesellschaftliche Wohl sehr wichtig sind: Beispiele sind die allseits beliebten Krankenschwestern oder aber auch Journalisten.

Fangen wir mit Krankenschwestern an – ein gerne auch von Politikern aller Parteien genanntes Berufsbeispiel, das nicht angemessen bezahlt wird. Woran liegt das? Ohne Zweifel arbeiten Krankenschwestern hart und die Arbeit ist anspruchsvoll. Warum werden sie trotzdem nicht gut bezahlt? Dies liegt primär daran, dass im Kapitalismus nicht nur nach „Arbeitseinsatz" bezahlt wird, sondern auch nach effektiver „Knappheit". Wenn eine Fähigkeit knapp ist, dann wird sie pro Stunde gut bezahlt, um mehr Ressourcen darauf zu lenken. Ist eine Fähigkeit nicht knapp, wird sie pro Stunde schlecht bezahlt. Es gibt nun einfach selbst bei den aktuell niedrigen Stundenpreisen genügend Menschen, die Krankenschwestern werden wollen, deshalb sind Krankenschwestern nicht „knapp genug" und deshalb ist die Bezahlung so schlecht. Die Krankenschwestern sind quasi Opfer ihrer eigenen Gutmütigkeit. Gerade weil so viele den Job gerne machen und Menschen helfen wollen werden sie so schlecht bezahlt. Zusätzlich kommt hinzu, dass Krankenschwestern schlechter organisiert sind und es weniger Zugangsschranken gibt als z.B. bei Ärzten, die ihren Berufsstand künstlich knapp halten, wodurch sie gut bezahlt werden.

Soweit die Analyse. Was würde sich denn nun durch die Einführung der Demokratischen Marktwirtschaft für Krankenschwestern ändern? Wie oben skizziert würden Krankenschwestern neben dem normalen Berufseinkommen nun auch Einkommen aus dem neuen Bürgergeld bekommen. Ihr Anteil hängt dabei vom Beteiligungsschlüssel ab. Es ist anzunehmen, dass Krankenschwestern sich verdient machen im Krankenhaus und deshalb bei vielen Patienten Reputation erwerben. Sie werden sowohl viele kurzfristige „likes" bekommen als auch voraussichtlich in den monatlichen Abstimmungen viel Reputation erlangen. Beides sollte ihr monatliches Einkommen erhöhen und ihnen so helfen, endlich angemessen entlohnt zu werden.

Als nächstes möchte ich auf Journalisten zurückkommen. Im Abschnitt über Terrorismus hatten wurde festgestellt, dass heutzutage mit den Medien einiges im Argen liegt. Leider sind Journalisten derzeit nicht primär der Wahrheit verpflichtet, sondern der Auflage und ihren Werbekunden. In einigen Bereichen, wie z.B. bei Autotests, ist es mit der Unabhängigkeit der Journalisten nicht mehr weit her. Die Journalisten werden auf Kosten der Unternehmen nach Spanien ausgeflogen. So kann man von ihnen keine unabhängigen Produkttests erwarten. Das Problem der unabhängigen Berichterstattung kann nur gelöst werden, wenn die Journalisten auch wirtschaftlich unabhängiger von Auflage und Werbekunden werden.

Die Einführung der demokratischen Marktwirtschaft bietet zum Glück auch dafür einen Ansatz. Ein wichtiger Teil des Beteiligungsschlüssels ist die Reputation der Menschen, die sich anhand kurzfristiger „likes" oder längerfristigen Stimmen (monatliche Wahl) errechnet. Man könnte nun für Berufsgruppen mit bekanntem Marktversagen dieses Reputationssystem wie folgt erweitern: Innerhalb der journalistischen Community ist bekannt wer von den Kollegen gute Arbeit und wer schlechte Arbeit macht. Warum lässt man also dann nicht die Journalisten selber im Rahmen eines (geheimen) Peer Reviews die Reputation bestimmen? Warum nicht alternativ eine Kombination aus Bewertung der Kunden und der Journalistenkollegen bilden?

Ein Journalist mit guter Reputation würde neben seinem normalen Gehalt mehr Bürgergeld bekommen und hätte so ein größeres Interesse gute, unabhängige Arbeit zu machen. Ähnliche Systeme könnte man auch für andere Berufsgruppen entwickeln, sofern dies sinnvoll ist.

6.4 Der Übergang vom alten zum neuen System

Klingt soweit ganz gut, aber wie klappt der Übergang zwischen den Systemen? Wir wollen idealerweise keine Revolution mit massiven Umwälzungen, sondern eine Evolution. Hier deshalb eine kleine Schritt-für-Schritt Anleitung:

1. Die „stillen Beteiligungen" des Staates werden ausgebaut im Rahmen der zuvor skizzierten „Erbschaftsbesteuerung". Gleichzeitig werden die aktuellen Steuersätze so gesenkt, dass der Wechsel insgesamt aufkommensneutral ist. Es geht anfangs primär um eine Systemumstellung und nicht um eine Erhöhung des Steueraufkommens bzw. der Staatsquote. Dieser Systemwechsel bringt Deutschland/Europa einen

kompetitiven Vorteil auf dem Weltmarkt, da es aus der Sicht der Unternehmen zu einem Niedrigsteuerland wird.

2. Umstellung der Sozialsysteme auf ein Bürgergeld für alle, unabhängig von anderen Einkünften. Das ganze kann im ersten Schritt ebenfalls so gestaltet werden, dass es aufkommensneutral ist. Wenn ein Gutverdiener 500 EUR Bürgergeld bekommt, dann ändert man das Steuersystem so, dass er 500 EUR mehr Steuern bezahlen muss. Wieder geht es hier im ersten Schritt nur um einen Systemwechsel und nicht um eine Erhöhung der Sozialausgaben.

3. Die Einnahmen aus den stillen Beteiligungen werden insbesondere so genutzt, dass es für die Arbeitgeber möglichst keine Fixkosten pro Arbeitnehmer gibt. Schließlich soll die verbleibende Arbeit möglichst breit auf die Bevölkerung verteilt werden, um den Übergang möglichst geschmeidig zu gestalten. Flankierend werden Tarifabschlüsse mit 3-oder-4-Tage-Woche gefördert.

4. Mit zunehmender Arbeitslosigkeit (bzw. Arbeitsfreiheit) durch technologischen Fortschritt verkauft der Staat seine durch Erbschaften entstehenden stillen Beteiligungen immer weniger, sondern nutzt diese um dauerhaft höhere Einkommen zu erzielen. Gemeint ist hier ein Zeitraum von mehreren Generationen (=50-100 Jahre). Diese höheren Einnahmen werden nicht für jeden gleich sondern nach dem oben skizzierten Beteiligungsschlüssel auf die Bürger verteilt.

5. Demokratische Marktwirtschaft erfolgreich eingeführt ☺

Zusammenfassung

- Die skizzierte Demokratische Marktwirtschaft ermöglicht es mit Hilfe der Digitalen Revolution den Fokus von der Erhöhung des wirtschaftlichen Outputs auf die Maximierung der Wohlfahrt in der Bevölkerung zu legen
- Das Problem auf der Einnahmenseite kann durch die Einführung einer Erbschaftssteuer samt stiller Beteiligung gelöst werden
- Auf der Ausgabenseite schlage ich vor mit einem Beteiligungsschlüssel zusätzlich zu einem Basis-Bürgergeld auch das Erlenen von Fähigkeiten und soziales Verhalten monetär zu entlohnen.
- Mit einem intelligenten Beteiligungsschlüssel kann auch das Marktversagen z.B. im Journalismus reduziert werden.
- Der derzeitige Kapitalismus mit seinen Anreizen für Eigeninitiative und Innovation bleibt erhalten bzw. wird in der Demokratischen Marktwirtschaft noch ausgebaut, weil bei gleichem Steueraufkommen weniger direkte Steuern erhoben werden müssen.
- Ein schrittweiser Übergang ist möglich. Deutschland könnte sofort damit anfangen bei entsprechendem politischen Wille.

Bonusproblem: Ausländer

Nachdem wir „mal eben" eine neue Gesellschaftsform erfunden haben, müssen wir uns noch dem Hauptproblem der EU-Bürger widmen: Den „bösen Ausländern". Immerhin 37% der europäischen Bevölkerung sieht die Ausländer als Problem an – mehr als jedes andere hier besprochene Problem.

Woran liegt das? Sind 37% der Bevölkerung in Europa Rassisten und halten jeweils ihre eigene Volksgruppe für Übermenschen?

Nach meinem Eindruck ist das nicht so. Die durchaus auch in der breiten Masse vorhandenen Vorbehalte gegenüber Ausländern liegen nach meinem Ermessen an folgenden Punkten:

- **Vorliebe für eigene Kultur:** Menschen mögen es in Ihrer eigenen Kultur zu leben. Man umgibt sich grundsätzlich gerne mit „Seinesgleichen", weil so das Zusammenleben einfacher und stressfreier ist.
- **Futterneid:** Gerade sozial niedrig gestellte Menschen fühlen sich in Konkurrenz zu den Immigranten – sei es auf dem Arbeitsmarkt, den Sozialsystemen oder auf dem Heiratsmarkt

7.1 Vorliebe für eigene Kultur

Zumindest in Deutschland wird in der öffentlichen Diskussion über Ausländer ein Fakt gern als politisch nicht korrekt totgeschwiegen: Ausländer sind anders als Einheimische. Wir sind nicht alle gleich. Natürlich bringen Menschen aus anderen Kulturen andere Interessen, Wertvorstellungen und Vorlieben mit und verhalten sich entsprechend anders als Einheimische. Damit einher geht auch die Schlussfolgerung, dass man mit bestimmten Ausländergruppen besser zurecht kommt als mit anderen. Zum Beispiel scheint es so zu sein, dass Ausländer aus osteuropäischen oder asiatischen Ländern sich wesentlich leichter in die deutsche Gesellschaft einfinden als z.B. Ausländer aus dem arabischen Raum. Das hat vermutlich in der Hauptsache mit der kulturellen Kompatibilität der jeweiligen Herkunftskulturen zu tun. Zusätzlich wird das Leben der Ausländer erschwert, wenn sich neben der Kultur auch das Aussehen stark von den Eiheimischen unterscheidet. Viele Menschen ziehen über das Aussehen anderer Rückschlüsse auf das erwartete Verhalten. Daher hat es ein Schwarzer schwieriger als ein Russlanddeutscher. Das kann man gut oder schlecht finden, aber das ist erst einmal ein Fakt, den es zu berücksichtigen gilt.

Anfangen sollte man damit, dass die Wunschvorstellung aufgegeben wird, dass sich alle Ausländer komplett „integrieren" bzw. sogar assimilieren. Das ist erstens ein unrealistisches Ziel und zweitens für einen Schwarzen auch rein optisch schwer möglich. Statt von Ausländern Assimilation zu fordern, sollte man die bestehenden Unterschiede feiern – so wie das (zumindest offiziell) die Amerikaner schon sehr gut machen. Hier geht es nicht mehr um „Assimilation", sondern um „Diversity", die die Nation stark macht.

Selbst nach der Korrektur der unrealistischen Ziele zur Assimilation bleibt die Tatsache, dass der Normalbürger seine eigene Kultur mag und sich (meist) am Liebsten unter Seinesgleichen aufhält. Der Normalbürger kann durch ungezügelten Zuzug fremder Bürger überfordert werden. Deshalb ist es wichtig, den Zuzug zu reglementieren – Es darf pro Jahr nur eine Maximalanzahl von Zuzügen geben. Die Erfahrung zeigt durchaus, dass es da mehr Rassismus gibt, wo es wenig Ausländer gibt. Über die Zeit regelt sich dies allein, wenn Gewöhnung eintritt. Trotzdem ist die Angst vor dem Neuen erst einmal da und deshalb ist es einfach schlau den Normalbürger nicht zu überfordern.

Bei der Reglementierung der Zuwanderung muss man zwischen zwei Gruppen unterscheiden: Einwanderung und Asylbewerber.

Für „echte" Einwanderer, sollte ähnlich wie in Kanada oder Australien, ein Punktesystem erstellt werden. Zum Beispiel werden Menschen bevorzugt, die im Lande gebraucht werden. Kriterien können Beruf, Ausbildung, Alter, Geschlecht oder andere Faktoren sein. Dieses Punktesystem sollte jährlich aktualisiert werden und jeweils mit dem vorhandenen Bedarf abgeglichen werden. Bei den Einwanderern ist es einfach eine absolute Obergrenze festzulegen. Wenn es mehr Bewerber gibt, wird eine höhere Punktzahl erforderlich, einwandern zu dürfen.

Bei Asylbewerbern ist die Lösung nicht so einfach. Es liegt in der Definition von Asyl, dass man Menschen Schutz gewähren möchte, die in ihren Heimatländern an Leib und Leben bedroht sind. Bei dieser Gruppe sollte das Kriterium also nicht sein, wie nützlich sie für die jeweilige Gesellschaft sind. Trotzdem ist klar, dass die Aufnahmefähigkeit jedes Landes begrenzt ist. Man kann sich nicht um jedes Unrecht in der Welt kümmern. In der Realität ist Europa vermutlich noch weit von der tatsächlichen Kapazitätsgrenze zur Aufnahme von Asylbewerbern entfernt, so dass das gar nicht das primäre Problem ist. Wichtig für die Akzeptanz in der Bevölkerung ist allerdings, dass schnelle Entscheidungen getroffen werden. Derzeit werden in Deutschland von ca. 129.000 Asylanträgen[27] ca. 40.000 positiv beschieden – also nur ca. 30% der Antragssteller erhalten einen positiven Bescheid. Das Problem ist, dass die übrigen Antragssteller häufig nicht zügig wieder ausgewiesen werden. Sie werden weiterhin geduldet und treten damit in Konkurrenz zu den Einwanderern. Das ist ungerecht gegenüber den offiziellen Einwanderern. Es sollte also für Asylbewerber schnelle Verfahren geben und spätestens nach 3-6 Monaten ist ein Asylbewerber entweder akzeptiert oder sollte wieder im Ausland sein.

Zur besseren Transparenz gegenüber der Bevölkerung sollte auch eine maximale Anzahl von Asylbewerbern pro Jahr festgelegt

---

[27] Im Jahre 2014

werden, die bei besonderen Situationen wie zum Beispiel Kriegen in benachbarten Ländern natürlich angepasst werden kann. Sollte die definierte Grenze überschritten werden, könnten dann zum Beispiel nur die „schwersten" Fälle angenommen werden (via Ranking der Asylbewerber) und/oder mit Losverfahren über den Verbleib entschieden werden. Das ist nicht schön aber es ist leider bittere Realität, dass sich kein einzelnes Land um das ganze Leid auf der Welt kümmern kann. Jedes Land muss die Maximalgrenze selbst für sich bestimmen und für sich rechtfertigen. Mit solchen Regeln ließe sich der Zustrom von Ausländern sinnvoll reglementieren ohne die einheimische Bevölkerung zu überfordern.

An dieser Stelle ein kleines Update (02/2016), da sich seit Ende 2014 / Anfang 2015 viel getan hat, seit ich die obigen Zeilen geschrieben habe. Mit über 1 Million Asylbewerbern 2015 kann man schon von einer operativen Überforderung Deutschlands sprechen, was man z.B. an der schlechten Registrierung und Unterbringung vieler Flüchtlinge sehen kann. Ein Teil der deutschen Bevölkerung scheint ebenfalls überfordert zu sein, wie die steigenden Umfragewerte von AfD und anderen rechten Parteien zeigen. Es wäre deshalb schlau auf die oben diskutierten Obergrenzen auch für Asylbewerber zurückzukommen. Darüber hinaus wäre es sinnvoll, wenn man die illegale Einreise z.B. über die Balkanroute dadurch verhindert, in dem man klar macht, dass in Deutschland nur diejenigen Asyl bekommen, die direkt aus den Krisengebieten von Deutschland offiziell eingeflogen werden. Deutschland könnte sich also z.B. eine Obergrenze von 500.000 Asylbewerbern pro Jahr geben und dann entsprechend viele Flüchtlinge selber aus den Krisenregionen ausfliegen. So könnte man viele Todesfälle auf der Balkanroute oder im Mittelmeer vermeiden und würde keine Schlepperökonomie entstehen lassen. Zusätzlich hätte die deutsche Bevölkerung das Gefühl, das alles mit Recht und Ordnung vor sich geht. Man hilft halt lieber, wenn man sich aktiv dafür entscheidet und Gäste nicht plötzlich unaufgefordert vor der Tür stehen.

7.2 Futterneid

Wie wir in den vorangegangen Kapiteln gesehen haben würde sich der ökonomische „Futterneid" bei Einführung der Demokratischen Marktwirtschaft massiv reduzieren. Die Menschen müssen nicht mehr täglich miteinander kämpfen, wer den größeren Teil des gesellschaftlichen Kuchens bekommt. Dies würde helfen die Ausländer nicht mehr als Bedrohung wahrzunehmen. Wenn Knappheit nicht mehr das dominante Problem ist, dann werden die Menschen entspannter, anderen etwas zu gönnen. Dabei wird auch das Gefühl der Ungerechtigkeit gegenüber Ausländern abnehmen: Wenn ich selber nicht mehr arbeite, finde ich es auch nicht so schlimm wenn andere nicht arbeiten (können/dürfen). Es wird schwieriger Ausländer als „Sozialschmarotzer" zu bezeichnen - denn irgendwie sind wir es ja alle, wenn nur noch die wenigsten einer geregelten Tätigkeit nachgehen ;)

Bleibt die angesprochene Konkurrenz auf dem Dating- bzw. Heiratsmarkt. Hier besteht tatsächlich ein in der öffentlichen Diskussion unterschätztes Problem. Zuwanderer und Asylanten sind überproportional häufig junge Männer. Selbst wenn Frauen im heiratsfähigen Alter kommen, stehen sie aufgrund religiöser oder kultureller Gründe der einheimischen Dating-/Heiratsszene häufig nur begrenzt zur Verfügung. Es besteht also bei den 18 bis 28 jährigen ein signifikantes Überangebot an Männern. Auf die Gesamtbevölkerung gerechnet werden das bestimmt nur wenige Prozent sein, aber wer schon einmal die Dating-Szenen von San Francisco (Männerüberschuss) und New York (Frauenüberschuss) verglichen hat weiß, dass bereits wenige Prozent gefühlt einen sehr starken Unterschied ausmachen können[28].

---

[28] Hier eine kleine Überschlagsrechnung zur Verdeutlichung des Problems. Wenn wir der Einfachheit halber eine Gleichverteilung der Bevölkerung annehmen und eine Lebenserwartung von 80 Jahren, gibt es 4 Millionen Männer zwischen 18 und 28 in Deutschland. Eine Million

Es wird also dazu kommen, dass einige einheimische Männer tatsächlich von den Zuwanderern verdrängt werden und ein junger Mann ohne regelmäßigen Sex ist nicht gut für den sozialen Frieden. Derzeit wird dieser Männerüberschuss teilweise im wahrsten Sinne des Wortes unbefriedigend durch den „Import" von Prostituierten aus Osteuropa gelöst. Das ist aber selbstverständlich eine semi-optimale Lösung und auch für den sozialen Frieden in Osteuropa und Russland keine gute Idee.

Besser wäre es, wenn der Staat gezielt darauf achten würde, dass es „effektiv" keinen Männer-oder Frauenüberschuss gibt. Dafür bietet sich zum Beispiel an, gezielt geeignete Damen zur Immigration nach Deutschland anzuwerben bzw. es ihnen ausreichend zu erleichtern – zum Beispiel, indem Frauen im richtigen Alter zur Einwanderung weniger Punkte benötigen. In den 60er Jahren hat Deutschland gezielt Arbeitskräfte aus der Türkei nach Deutschland geholt – Warum sollten wir nicht das gleiche mit Damen aus anderen Ländern machen?

Durch die Einführung der Demokratischen Marktwirtschaft und durch gezielten Ausgleich der Geschlechterverhältnisse kann also das Problem des „Futterneids" gelöst werden. Vorbehalte gegenüber Ausländern können abgebaut werden und wir können anfangen, Ausländer als das zu sehen, was sie eigentlich sind: Eine Bereicherung der Kultur im Lande. Im Bereich der Kultur gilt nämlich wie so häufig im Leben: „sowohl als auch" ist besser als „entweder oder".

---

männliche Zuwanderer zwischen 18 und 28 machen also nicht nur 1/80 (=1.25%) aus, sondern 1/5 (=20%) in der relevanten Altersgruppe.

7.3. Weg zur Staatsbürgerschaft

Im oberen Teil haben wir geklärt wer reindarf und wer nicht. Was machen wir nun aber mit den Ausländern, die (zurecht) im Lande sind?

Die Instrumente der demokratischen Marktwirtschaft bieten hier auch einen sehr guten Ansatz. Grundsätzlich hängt das Einkommen wie auch bei den Einheimischen von diesen drei Faktoren ab:

- Arbeit / Kapitalerträge (Einkünfte aus dem klassischen Kapitalismus)
- Fähigkeitspunkte
- Reputationspunkte

Diese drei Optionen sollten auch sofort allen Ausländern zur Verfügung stehen. Viele Probleme wie Kriminalität etc. entstehen auch dadurch, dass Menschen nicht ausgelastet sind – deshalb sollte Ihnen schnellstmöglich die Arbeit im neuen Land erlaubt werden.

Zusätzlich sollte es jedem Ausländer zustehen, innerhalb eines gewissen Zeitrahmens die jeweilige Staatsbürgerschaft mit allen Rechten und Pflichten zu erlangen – also auch Anspruch auf das Bürgergeld zu bekommen. Dafür muss er insgesamt sowohl bei den Skills (z.B. Deutsch lernen) als auch bei der Reputation (kein Arschloch sein) einen gewissen Mindestwert erreichen. So gibt es einen direkten kurzfristigen Anreiz die Sprache zu lernen oder sich so zu verhalten, dass man eine hohe Reputation erlangt. Zusätzlich macht es Sinn, für bestimmte Aktionen von Gerichten (nicht von der zivilen Bevölkerung) negative Reputationspunkte zu vergeben. Menschen, deren Ideologie den Grundwerten der Gesellschaft widersprechen, kann hierdurch nahegelegt werden, dass ihre Ideologie in diesem Land nicht geduldet wird (Stichwort „wehrhafte" Demokratie). Insgesamt verträgt sich die demokratische Marktwirtschaft sehr gut mit einem sinnvollen System für Einwanderung und zur Vergabe der Staatsbürgerschaft mit allen Rechten und Pflichten.

Zusammenfassung

- Teile der einheimischen Bevölkerung haben Vorbehalte gegenüber Immigranten, da Sie eine Vorliebe für Ihre eigene Kultur haben und/oder aus Futterneid den Neuankömmlingen nichts gönnen.
- Vorliebe für eigene Kultur: Asoziales Verhalten muss auch von Neuankömmlingen schnell bestraft werden. Zusätzlich müssen demokratisch Obergrenzen sowohl für echte Einwanderer als auch für Asylbewerber festgelegt werden, um Einheimischen und Ausländern die Zeit zur Integration zu geben und niemanden zu überfordern.
- Futterneid: Wirtschaft ist kein Nullsummenspiel sondern Zuzug kann netto auch mehr für alle bringen, wenn dieser gut gestaltet wird. Zur guten Gestaltung gehört z.B. auch dafür zu sorgen, dass das Geschlechterverhältnis ausgeglichen ist.

Dieses Buch versucht nicht nur auf die Missstände des Kapitalismus hinzuweisen, sondern verfolgt das Anliegen mit der Skizzierung des „Demokratischen Kapitalismus" einen Debattenbeitrag zu einer machbaren Weiterentwicklung unseres Gesellschaftssystems zu leisten. Sicherlich ist diese Vision noch nicht perfekt aber insbesondere die Nutzung der Erbschaftssteuer auf der Einkommensseite sowie die aktive und demokratische Gestaltung des Beteiligungsschlüssels auf der Ausgabenseite erscheinen mir sehr sinnvolle Ansätze – wie auch immer man diese genau ausgestaltet.

Eine so eingeführte Demokratische Marktwirtschaft könnte auch ein weiteres Problem lösen: Die nun schon seit Jahrzehnten stagnierende Wohlfahrt (oder neudeutsch: „Happiness") der Bevölkerung.

Länderübergreifend scheint es nämlich so, dass Geld ab einem bestimmten Mindestreichtum von ca. 36.000 BSP/Kopf nicht (mehr) glücklich macht.

Figure 1 Relationship between GDP per capita and life satisfaction

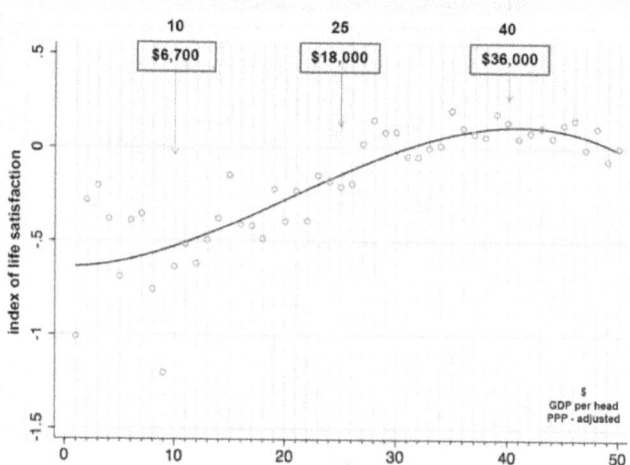

Auch hier scheint der Kapitalismus an seine Grenzen gestoßen zu sein[29] . Ironischerweise lässt sich auch dieser Effekt mit klassischen ökonomischen Theorien erklären. Eine der zentralen Theorien des Kapitalismus ist die des „abnehmenden Grenznutzens". Wenn ich ein Haus besitze, bringt mir das eine ganze Menge Nutzen. Über das zehnte Haus freue ich mich aber längst nicht mehr so stark wie über das erste. Gleichzeitig treibt uns der Wettbewerb im Kapitalismus zu harter Arbeit an – dass die Kombination aus harter Arbeit und abnehmenden Grenznutzen des zusätzlichen Reichtums nicht glücklich macht, ist also einfach nur logisch.

Die Lösung dafür ist nicht, dass wir wieder arm werden sollten. Dank der Digitalen Revolution müssen wir ja weniger und weniger arbeiten, um den gleichen Reichtum (oder sogar mehr) zu erwirtschaften. Allein das sollte also schon die Wohlfahrt steigern.

Die Einführung der Demokratischen Marktwirtschaft ermöglicht uns aber einen zusätzlichen neuen Ansatz zur Steigerung der Wohlfahrt. Ob man es glaubt oder nicht – der Mensch wird nämlich nicht nur durch Geld alleine glücklich[30]. Wichtige andere Komponenten sind soziale Zugehörigkeit, das Meistern von neuen Fähigkeiten oder das Gefühl sinnvolle Arbeit zu verrichten. Bisher war es ausschließlich Aufgabe von Familie und Kultur den Menschen so zu beeinflussen, dass er ein langfristig glückliches Leben lebt. Mit dem neuen Beteiligungsschlüssel haben wir zum ersten Mal die Möglichkeit zusätzlich transparent und direkt für monetäre Anreize zu sorgen. Wenn also jemand ein Instrument lernt, können wir dies via dem Fähigkeitsschlüssel direkt monetär entlohnen. Wir wollen den Bürgern also „gute Gewohnheiten"

---

[29] http://techcrunch.com/2014/11/02/alain-de-bottons-better-capitalism
[30] Siehe auch World Happiness Report https://agenda.weforum.org/2015/06/which-country-is-the-happiest-in-the-world-2/

(ich nenne das gerne „happy habits") antrainieren, die sie sich selbst aussuchen können und die sie langfristig glücklich machen[31]. Wir nutzen dazu die gleichen kurzfristigen Anreizinstrumente, die auch schon im Kapitalismus gut funktioniert haben - nur diesmal nicht zur Optimierung der Produktion sondern zur Optimierung der Wohlfahrt der Bevölkerung.

Dies wäre ein Paradigmenwechsel – Wir hätten keine marktkonforme Demokratie mehr, sondern eine Demokratische Marktwirtschaft, deren Ziel es ist, die Wohlfahrt ihrer Bürger zu maximieren und nicht mehr nur den Wirtschaft bzw. den Output ihrer Bürger. Wäre das nicht schön?[32]

---

[31] http://www.theguardian.com/lifeandstyle/2014/nov/03/ten-easy-steps-that-will-make-you-a-happier-person?CMP=fb_gu
[32] https://www.youtube.com/watch?v=XLgYAHHkPFs

Danksagungen

Eine Grundidee des Buches ist es, dass wir alle auf den Schultern von Giganten stehen und das tue ich natürlich auch. Wie alles im Leben ist auch dieses Buch nicht im luftleeren Raum entstanden sondern neben dem üblichen Kulturkreis sind meine persönlichen „Giganten" die folgenden:

- Meine Eltern – auch über die Themen dieses Buches habe ich wieder so manche Rotweinabende mit meinen Eltern diskutiert
- Lara Schalthoff: Danke für viele Diskussionen zwar meist nicht bei Rotwein aber dafür anderen alkoholischen Getränken
- Christine Lappen: für die vielen Hinweise warum manche Gedankensprünge noch nicht ganz zweifelsfrei logisch waren (und vermutlich sind)
- Melissa für das „kleine Lektorat"
- Leif Griga für das fantastische Cover

Vielen Dank! Wer trotz dieser Giganten noch Fehler findet – das sind alles meine eigenen ☺

Karsten Wysk wurde 1978 in Hannover geboren und fühlt sich derzeit in Berlin und Hamburg zu Hause. Seit 2009 ist er Mitgründer und Geschäftsführer der MobileBits GmbH, die sich auf die Herstellung und den Vertrieb von Spielen für alle AppStore Plattformen spezialisiert hat. Die Titel der MobileBits GmbH wurden mehrfach ausgezeichnet und von über 10 Millionen Menschen auf der ganzen Welt gespielt.

- 1978 geboren in Hannover, Deutschland
- 1996 Gründung der ersten Firma mit Schulfreunden, Veröffentlichung erstes Spiel für PC
- 1999-2004: UniHelp.de – Studentennetzwerk und Unterlagentauschbörse für Studenten. Von 2/3 der Studenten an der Uni Magdeburg aktiv genutzt.
- 2004 Abschluss Studium Volkswirtschaftslehre (Bayreuth, Magdeburg, Sydney)
- 2005: Erste weltweite Veröffentlichung „Arena Wars" für PC
- 2005-2007: Strategieberater bei Accenture in München, New York, Johannesburg
- 2007-heute: MeinSport.de: Plattform für Freizeitsportler
- 2009-heute: Mitgründer & Geschäftsführer MobileBits in Hannover, Hamburg und San Francisco (GSVA Q4 2014)

Wer sich für Details interessiert kann seinen beruflichen Werdegang auch gerne bei LinkedIn nachlesen: https://de.linkedin.com/pub/karsten-wysk/2/724/495

Oder ihn einfach ganz klassisch bei Google stalken ;)

www.ingramcontent.com/pod-product-compliance
Lightning Source LLC
Chambersburg PA
CBHW072109280526
45788CB00006B/2459